Control del Estado Profundo

Control del Estado Profundo

Austin Barlow

CONTENTS

Descargo de responsabilidad

El contenido presentado en este libro, **"Deep State Control: Unveiling the Hidden Network Shaping Global Policies"**, tiene fines informativos y educativos únicamente. Las teorías, interpretaciones y opiniones expresadas en este libro son las del autor y no reflejan necesariamente las opiniones de ninguna organización, institución o individuo en particular.

Si bien se ha hecho todo lo posible para garantizar la precisión y confiabilidad de la información proporcionada, el autor y el editor no realizan declaraciones ni ofrecen garantías con respecto a la integridad, precisión o confiabilidad del contenido. Se alienta a los lectores a evaluar críticamente la información y realizar su propia investigación para formular sus propias conclusiones.

Este libro explora diversas teorías conspirativas, acontecimientos históricos y narrativas políticas, algunas de las cuales son de naturaleza especulativa. La inclusión de estos temas no implica la aprobación de ninguna teoría o punto de vista en particular. El autor y el editor no defienden ni apoyan ninguna forma de desinformación, información errónea o teorías conspirativas.

El libro no pretende brindar asesoramiento legal, financiero o profesional. Los lectores deben buscar el asesoramiento de profesionales calificados para inquietudes o preguntas específicas relacionadas con los temas tratados.

El autor y el editor no asumen ninguna responsabilidad por daños directos, indirectos, incidentales o consecuentes que surjan del uso o la confianza depositada en la información contenida en este libro. El lector asume la plena responsabilidad por el uso que haga de la información y de cualquier acción que tome en base a ella.

Al leer este libro, usted reconoce y acepta esta exención de responsabilidad. Gracias por su comprensión y por analizar el contenido de manera reflexiva y crítica.

Introducción: Entendiendo el Estado Profundo

Descripción general del concepto

El término "Estado profundo" se ha convertido en una parte importante del discurso político contemporáneo y a menudo evoca imágenes de personajes misteriosos que operan tras bambalinas para manipular las políticas y acciones gubernamentales. Pero ¿qué significa exactamente este término y de dónde proviene?

En esencia, el término "Estado profundo" hace referencia a una red clandestina de funcionarios gubernamentales no electos, agencias de inteligencia y entidades poderosas que supuestamente trabajan juntas para controlar las políticas nacionales y globales, independientemente de la agenda del gobierno electo. Este concepto sugiere que existe una capa oculta de poder dentro del gobierno que opera independientemente de la administración pública y, a menudo, en oposición a ella.

Los orígenes del término "Estado profundo" se remontan a Turquía en la década de 1990, donde se utilizó para describir una red de oficiales militares y sus aliados que se creía que influían secretamente en la política del país. Con el tiempo, el término ha sido adoptado por varios comentaristas políticos y teóricos de la conspiración de todo el mundo para describir fenómenos similares en otros países, incluido Estados Unidos.

En el contexto estadounidense, el Estado profundo suele ser representado como una coalición de burócratas de carrera, oficiales de inteligencia, líderes militares y figuras empresariales influyentes que supuestamente trabajan juntos para mantener su poder e influencia. Se cree que esta red opera mediante una combinación de acciones encubiertas, manipulación de los medios y control económico, todo ello destinado a orientar las políticas gubernamentales en una dirección que beneficie sus intereses.

Las creencias comunes asociadas con el Estado Profundo incluyen la idea de que esta red oculta es responsable de importantes eventos y decisiones políticas, a menudo trabajando en contra de los intereses del público en general . Los defensores de la teoría del Estado Profundo argumentan que esta red tiene la capacidad de manipular las elecciones, controlar la narrativa de los medios e influir en las políticas económicas para servir a sus propios fines [4]. Afirman que el Estado Profundo opera con un alto grado de secreto, lo que dificulta que el público descubra su verdadera naturaleza y alcance.

El objetivo de este libro es profundizar en el concepto de Estado profundo, explorando sus orígenes, actores clave, mecanismos de control y el impacto que tiene en las políticas nacionales y globales. Mediante el examen de eventos históricos, estudios de casos y ejemplos modernos, pretendemos proporcionar una comprensión integral de esta teoría controvertida y sus implicaciones para la democracia y la gobernanza.

Al emprender este viaje, es esencial abordar el tema con una mente abierta y un ojo crítico. Si bien la idea de un Estado profundo puede parecer descabellada para algunos, es importante considerar la evidencia y los argumentos presentados tanto por los defensores como por los críticos de la teoría. A través de esta exploración, esperamos arrojar luz sobre las dinámicas complejas y a menudo ocultas que dan forma a nuestro mundo, alentando a los lectores a pensar críticamente sobre las fuerzas que están en juego detrás de escena.

Contexto histórico

El concepto de un gobierno oculto dentro del gobierno no es nuevo. A lo largo de la historia, varias sociedades han albergado sospechas de que grupos secretos ejercen el poder tras bastidores. Estas sospechas se han visto a menudo alimentadas por períodos de agitación política, agitación social y rápidos cambios tecnológicos.

Menciones tempranas : La idea de una estructura de poder oculta se remonta a la antigüedad. En muchas civilizaciones antiguas, existían rumores de consejos secretos o consejeros en la sombra que influían en las decisiones de reyes y emperadores. Estas primeras menciones sentaron las bases para el concepto moderno del Estado profundo, lo que sugiere que la noción de poder oculto está profundamente arraigada en la historia humana.

Era de la Guerra Fría : La era de la Guerra Fría, que se extendió desde fines de la década de 1940 hasta principios de la década de 1990, aumentó significativamente las sospechas de operaciones gubernamentales secretas. Durante este tiempo, Estados Unidos y la Unión Soviética estaban involucrados en una lucha global por el dominio, lo que llevó a una expansión sin precedentes de las agencias de inteligencia y las operaciones encubiertas. La creación de la Agencia Central de Inteligencia (CIA) en 1947 y la Agencia de Seguridad Nacional (NSA) en 1952 marcó el comienzo de una era en la que la recopilación de inteligencia y las acciones encubiertas se volvieron centrales para las estrategias de seguridad nacional.

La Guerra Fría también fue testigo del surgimiento del complejo militar-industrial, término que popularizó el presidente Dwight D. Eisenhower en su discurso de despedida de 1961. Eisenhower advirtió sobre la creciente influencia de una poderosa coalición de líderes militares y contratistas de defensa que podrían ejercer una influencia indebida sobre las políticas gubernamentales. Esta advertencia tuvo eco en el público y contribuyó a la percepción de que una red oculta de poder operaba tras bastidores.

Evolución posterior a la Guerra Fría : El fin de la Guerra Fría no disminuyó las sospechas de actividades gubernamentales secretas. Por el contrario, los nuevos desafíos globales y los avances tecnológicos dieron lugar a nuevas preocupaciones. En la década de 1990 surgió el término "Estado profundo" en Turquía, donde se utilizó para describir una red de oficiales militares y sus aliados civiles que se creía que influían secretamente en la política del país. Este concepto se extendió rápidamente a otras partes del mundo, incluido Estados Unidos.

Contexto moderno : En la era moderna, la teoría del Estado profundo ha ganado una fuerza significativa, particularmente en el contexto de grandes acontecimientos y controversias políticas. El asesinato del presidente John F. Kennedy en 1963, el escándalo de Watergate en la década de 1970 y las revelaciones de vigilancia generalizada por parte de Edward Snowden en 2013 son solo algunos ejemplos de eventos que han alimentado las sospechas de un gobierno oculto. Estos eventos han llevado a muchos a creer que existe una red clandestina de poder que opera independientemente del gobierno electo.

El auge de Internet y las redes sociales ha amplificado aún más la teoría del Estado profundo. Las plataformas en línea han facilitado la difusión de teorías conspirativas, lo que ha permitido a sus defensores compartir sus ideas con una audiencia global. Esto ha llevado a una proliferación de narrativas sobre el Estado profundo, cada una con su propia interpretación de quiénes están involucrados y cuáles son sus objetivos finales.

En resumen, el contexto histórico de la teoría del Estado profundo revela una sospecha de larga data de que existen estructuras de poder ocultas. Desde los antiguos rumores sobre consejos secretos hasta las acusaciones actuales de operaciones gubernamentales encubiertas, la idea de un Estado profundo ha evolucionado con el tiempo, moldeada por cambios políticos, sociales y tecnológicos. Comprender este contexto histórico es crucial para explorar la teoría en profundidad y examinar sus implicaciones para la sociedad contemporánea.

Propósito del libro

El objetivo de este libro, "Deep State Control", es profundizar en la intrincada y a menudo controvertida teoría del Estado profundo, explorando sus orígenes, actores clave, mecanismos de control y el profundo impacto que tiene en las políticas nacionales y globales. Mediante el examen de eventos históricos, estudios de casos y ejemplos modernos, este libro pretende proporcionar una comprensión integral de esta teoría y sus implicaciones para la democracia y la gobernanza.

Objetivo : El objetivo principal de este libro es ofrecer una exploración exhaustiva de la teoría del Estado Profundo. Esto implica diseccionar los diversos elementos que constituyen el Estado Profundo, desde funcionarios gubernamentales y agencias de inteligencia hasta poderosas corporaciones y entidades financieras. Al hacerlo, el libro busca arrojar luz sobre la dinámica oculta que muchos creen que da forma a nuestro mundo detrás de escena. Esta exploración no se trata solo de presentar hechos y cifras, sino también de comprender las motivaciones y acciones de los supuestos involucrados en el Estado Profundo.

Alcance : El alcance de este libro es amplio y abarca una amplia gama de temas relacionados con la teoría del Estado Profundo. Cubrirá el contexto histórico de la teoría, rastreando sus raíces y evolución a lo largo del tiempo. El libro también profundizará en los actores e instituciones clave a menudo implicados en las narrativas del Estado Profundo, como la CIA, el FBI, la NSA y entidades corporativas influyentes. Además, explorará los mecanismos de control supuestamente empleados por el Estado Profundo, incluida la manipulación de los medios, la influencia económica y la manipulación política. Al cubrir estas áreas, el libro tiene como objetivo proporcionar una visión holística de la teoría del Estado Profundo.

Metodología : Para lograr su objetivo, este libro emplea una metodología rigurosa que incluye una amplia investigación, entrevistas y análisis. El componente de investigación implica una revisión exhaustiva de la literatura existente sobre la teoría del Estado Profundo, incluidos libros, artículos y trabajos académicos. Las entrevistas con expertos, denunciantes y personas con conocimiento interno proporcionarán relatos y perspectivas de primera mano. El análisis implicará examinar críticamente la evidencia y los argumentos presentados tanto por los defensores como por los críticos de la teoría del Estado Profundo. Este enfoque multifacético garantiza que el libro sea completo y esté basado en fuentes creíbles.

El viaje del lector : Los lectores que se embarquen en este viaje pueden esperar obtener una comprensión más profunda de la teoría del Estado profundo y sus implicaciones. El libro está diseñado para ser accesible a una amplia audiencia, desde aquellos con un interés casual en las teorías de la conspiración hasta académicos e investigadores que buscan un análisis integral. Cada capítulo se basa en el anterior, desentrañando gradualmente la compleja red del Estado profundo. Al final del libro, los lectores tendrán una perspectiva matizada sobre la teoría, equipados con el conocimiento para evaluar críticamente su validez e impacto.

En resumen, el propósito de "Deep State Control" es ofrecer una exploración detallada y equilibrada de la teoría del Estado profundo. Al examinar sus orígenes, actores clave, mecanismos de control e impacto, el libro pretende ofrecer a los lectores una comprensión integral de este controvertido concepto. A través de una investigación rigurosa, entrevistas y análisis, el libro busca arrojar luz sobre las dinámicas ocultas que muchos creen que dan forma a nuestro mundo, alentando a los lectores a pensar críticamente sobre las fuerzas que están en juego detrás de escena.

Relevancia para los acontecimientos actuales

El concepto de Estado profundo ha ganado mucha fuerza en los últimos años, en particular en el contexto de grandes acontecimientos y controversias políticas. En esta sección se analiza cómo los ejemplos recientes, la influencia de los medios, la percepción pública y el impacto político han llevado la teoría del Estado profundo al discurso general.

Ejemplos recientes : Varios acontecimientos de alto perfil han alimentado la teoría del Estado profundo, reforzando la creencia de que una red oculta de poder opera tras bastidores. Uno de esos acontecimientos fue la elección presidencial estadounidense de 2016, donde abundaron las acusaciones de interferencia y manipulación por parte de agencias de inteligencia y otras entidades. Los partidarios del entonces candidato Donald Trump afirmaron con frecuencia que el Estado profundo estaba trabajando para socavar su campaña y, más tarde, su presidencia. Estas afirmaciones se amplificaron aún más con la investigación sobre la interferencia rusa en las elecciones, que muchos vieron como evidencia de un esfuerzo encubierto para controlar los resultados políticos.

Otro acontecimiento importante es la pandemia de COVID-19. La rápida propagación del virus y las posteriores respuestas gubernamentales dieron lugar a una especulación generalizada sobre el papel del Estado Profundo. Surgieron teorías conspirativas que sugerían que la pandemia había sido orquestada o explotada por el Estado Profundo para ampliar el control y la influencia del gobierno sobre la población. Estas teorías a menudo se alimentaban de la desinformación y la desconfianza en las narrativas oficiales, lo que pone de relieve la influencia generalizada del concepto de Estado Profundo en tiempos de crisis.

Influencia de los medios : No se puede exagerar el papel de los medios en la conformación de la percepción pública del Estado profundo. Los medios de comunicación tradicionales, así como las plataformas de redes sociales, han desempeñado un papel crucial en la difusión y amplificación de las narrativas del Estado profundo. La cobertura periodística de escándalos políticos, filtraciones de inteligencia y acciones gubernamentales a menudo incluye referencias al Estado profundo, ya sea directa o indirectamente. Esta cobertura puede crear una sensación de legitimidad en torno a la teoría, haciéndola más plausible para el público en general .

Las redes sociales , en particular, han sido una herramienta poderosa para difundir las teorías del Estado profundo. Plataformas como Twitter, Facebook y YouTube permiten a las personas compartir sus puntos de vista y conectarse con personas que piensan como ellas, creando cámaras de resonancia donde estas teorías pueden prosperar. La naturaleza viral de las redes sociales significa que las narrativas del Estado profundo pueden llegar a una amplia audiencia rápidamente, a menudo sin el escrutinio que los medios tradicionales podrían aplicar. Esto ha llevado a una proliferación de contenido sobre el Estado profundo, que va desde análisis detallados hasta afirmaciones sensacionalistas.

Percepción pública : La teoría del Estado profundo ha influido significativamente en la percepción pública del gobierno y la confianza en las instituciones. Las encuestas y sondeos indican que una parte sustancial de la población cree en la existencia de un Estado profundo, lo que refleja una profunda desconfianza hacia los funcionarios y organismos gubernamentales. Esta desconfianza suele tener su origen en acontecimientos históricos en los que las acciones del gobierno se percibieron como secretas o engañosas, como el escándalo de Watergate o las revelaciones de vigilancia generalizada por parte de Edward Snowden.

La creencia en un Estado profundo puede generar una sensación de desempoderamiento entre la población, ya que la gente siente que sus representantes electos no tienen realmente el control. Esta percepción puede erosionar la confianza en los procesos e instituciones democráticos, haciendo más difícil lograr consenso y cooperación en cuestiones importantes. También contribuye a un clima político polarizado, en el que las personas tienen más probabilidades de ver los puntos de vista opuestos como parte de una agenda oculta en lugar de diferencias legítimas de opinión.

Impacto político : La teoría del Estado profundo ha tenido un profundo impacto en los movimientos políticos y la retórica populista. Los políticos y los líderes políticos a menudo invocan al Estado profundo para conseguir apoyo y desacreditar a sus oponentes. Por ejemplo, durante su presidencia, Donald Trump se refirió con frecuencia al Estado profundo como una forma de explicar la oposición a sus políticas y acciones. Esta retórica resonó entre sus partidarios, quienes la vieron como una confirmación de sus sospechas sobre una red oculta de poder.

Los movimientos populistas de todo el mundo también han adoptado la teoría del Estado profundo, utilizándola para enmarcar sus luchas como batallas contra una élite arraigada y corrupta. Esta narrativa puede ser una herramienta poderosa para movilizar apoyo, ya que aprovecha las frustraciones y los temores existentes sobre los excesos del gobierno y la falta de rendición de cuentas. Sin embargo, también puede profundizar las divisiones y socavar los esfuerzos por abordar los complejos desafíos sociales mediante el diálogo constructivo y la cooperación.

En resumen, la relevancia de la teoría del Estado profundo para los acontecimientos actuales es evidente en la forma en que moldea la percepción pública, la cobertura mediática y el discurso político. Al examinar ejemplos recientes, la influencia de los medios, la percepción pública y el impacto político, podemos entender mejor la naturaleza omnipresente y a menudo polarizadora de esta teoría en la sociedad contemporánea.

Pensamiento crítico y escepticismo

Al explorar el concepto de Estado profundo, es fundamental destacar la importancia del pensamiento crítico y del escepticismo informado. Estas herramientas son esenciales para navegar por las aguas complejas y a menudo turbias de las teorías conspirativas, y garantizar que abordamos el tema con una perspectiva equilibrada y racional.

Importancia del pensamiento crítico : El pensamiento crítico implica el análisis y la evaluación objetivos de un asunto para formar un juicio. Requiere que cuestionemos suposiciones, evaluemos evidencias y consideremos explicaciones alternativas. En lo que respecta a la teoría del Estado profundo, el pensamiento crítico nos ayuda a distinguir entre información creíble y afirmaciones infundadas. Nos anima a mirar más allá de los titulares sensacionalistas y ahondar en los hechos y el contexto subyacentes.

Uno de los aspectos clave del pensamiento crítico es la capacidad de reconocer los sesgos cognitivos que pueden distorsionar nuestra percepción de la realidad. Por ejemplo, el sesgo de confirmación nos lleva a favorecer la información que confirma nuestras creencias preexistentes y a descartar las pruebas que las contradicen. Al ser conscientes de estos sesgos, podemos esforzarnos por abordar la teoría del Estado Profundo con una mente abierta, dispuestos a considerar múltiples puntos de vista y pruebas.

Verificación de datos : en una era en la que la desinformación puede propagarse rápidamente, la verificación de datos es más importante que nunca. La verificación de datos implica verificar la exactitud de la información antes de aceptarla como verdadera. Este proceso es esencial al examinar la teoría del Estado profundo, ya que nos ayuda a separar los hechos de la ficción. Las organizaciones de verificación de datos confiables y las fuentes de información creíbles desempeñan un papel vital en este proceso.

Al evaluar las afirmaciones relacionadas con el Estado profundo, es importante tener en cuenta la fuente de la información. Es más probable que las fuentes confiables, como las organizaciones de noticias establecidas, las instituciones académicas y los análisis de expertos, proporcionen información precisa y bien investigada. Por otro lado, las fuentes que carecen de transparencia o tienen antecedentes de difundir información errónea deben abordarse con cautela.

Perspectiva equilibrada : una perspectiva equilibrada implica considerar tanto los argumentos a favor como en contra de la teoría del Estado profundo. Si bien es importante reconocer las preocupaciones y las pruebas presentadas por los defensores de la teoría, es igualmente importante considerar los contraargumentos y las críticas. Este enfoque equilibrado nos ayuda a evitar caer en la trampa del pensamiento unilateral y permite una comprensión más matizada de la cuestión.

Los críticos de la teoría del Estado profundo suelen argumentar que simplifica en exceso dinámicas políticas y sociales complejas. Señalan que las acciones y políticas gubernamentales suelen ser el resultado de una multitud de factores, entre ellos la opinión pública, las condiciones económicas y las relaciones internacionales. Al considerar estas explicaciones alternativas, podemos desarrollar una visión más integral de las fuerzas que configuran nuestro mundo.

Fomentar el escepticismo informado : el escepticismo informado implica cuestionar las afirmaciones y buscar evidencias antes de aceptarlas como verdaderas. Es un enfoque saludable que nos impide dejarnos llevar fácilmente por afirmaciones sensacionalistas o infundadas. En el contexto de la teoría del Estado profundo, el escepticismo informado nos anima a evaluar críticamente las evidencias y considerar las motivaciones detrás de las afirmaciones que se hacen.

El escepticismo debe aplicarse de manera uniforme a todos los aspectos de un argumento. Esto significa no solo cuestionar las afirmaciones de los defensores del Estado profundo, sino también examinar críticamente los contraargumentos presentados por los escépticos. Al hacerlo, podemos evitar las trampas del escepticismo selectivo, en el que solo cuestionamos la información que desafía nuestras creencias y aceptamos acríticamente la información que las respalda.

Conclusión : A medida que profundizamos en el concepto del Estado profundo, es esencial mantener el pensamiento crítico y el escepticismo informado a la vanguardia de nuestra exploración. Estas herramientas nos permiten navegar por las complejidades de la teoría con una perspectiva equilibrada y racional, lo que garantiza que abordamos el tema con una mente abierta y un compromiso con la búsqueda de la verdad. Al hacerlo, podemos comprender mejor las fuerzas en juego detrás de escena y emitir juicios informados sobre la validez y las implicaciones de la teoría del Estado profundo.

Capítulo 1: Los orígenes de la teoría del Estado p

Menciones tempranas y raíces históricas
El concepto de una estructura de poder oculta que influye en las decisiones de los gobernantes y los gobiernos no es nuevo. A lo largo de la historia, varias sociedades han albergado sospechas de que grupos secretos ejercen el poder tras bastidores. Estas sospechas se han visto a menudo alimentadas por períodos de agitación política, agitación social y rápidos cambios tecnológicos.

Civilizaciones antiguas : La idea de una estructura de poder oculta se remonta a la antigüedad. En la antigua Roma, por ejemplo, se rumoreaba que existían consejos secretos y asesores que influían en las decisiones de los emperadores. El Senado romano, aunque era una institución pública, solía funcionar a puertas cerradas y tomaba decisiones que determinaban el futuro del imperio. De manera similar, en la antigua Grecia, el concepto de "Areópago" (un consejo de ancianos) tenía una influencia significativa en las decisiones políticas y a menudo funcionaba en secreto.

En la antigua China, el concepto del "mandato del cielo" sugería que los gobernantes eran elegidos por fuerzas divinas, pero también se creía que los consejeros secretos y los eunucos dentro de la corte imperial tenían un poder sustancial y que a menudo manipulaban al emperador para sus propios fines. Estas primeras menciones sentaron las bases para el concepto moderno del Estado profundo, lo que sugiere que la noción de poder oculto está profundamente arraigada en la historia humana.

Períodos medieval y renacentista : Durante el período medieval, la influencia de las sociedades y consejos secretos se hizo más pronunciada. En la Europa medieval, se creía que los Caballeros Templarios, una orden militar poderosa y secreta, ejercían una influencia significativa sobre los asuntos políticos y económicos. Su riqueza y sus conexiones les permitían operar tras bambalinas, dando forma al curso de la historia de maneras que no siempre eran visibles para el público.

El Renacimiento fue testigo del surgimiento de familias poderosas, como los Médici en Italia, que utilizaron su riqueza e influencia para controlar las decisiones políticas. La familia Médici, a través de su imperio bancario, tuvo un profundo impacto en la política de Florencia y otros lugares, a menudo actuando por medios secretos. Este período también vio surgir el concepto de "raison d'état" (razón de Estado), que justificaba el uso de métodos secretos y a veces poco éticos para lograr objetivos políticos.

Historia moderna temprana : La Ilustración y el surgimiento de los estados-nación trajeron consigo nuevas formas de gobierno y dinámicas de poder secretas. El establecimiento de gobiernos y burocracias centralizadas creó oportunidades para que surgieran redes ocultas de influencia. En el siglo XVIII, los Illuminati bávaros, una sociedad secreta fundada por Adam Weishaupt, tenían como objetivo influir en las decisiones políticas y promover los ideales de la Ilustración. Aunque los Illuminati tuvieron una vida breve, su legado contribuyó a la fascinación duradera por las sociedades secretas y las estructuras de poder ocultas.

En el siglo XIX surgieron poderosos industriales y financieros que ejercían una influencia significativa sobre los gobiernos. Figuras como JP Morgan y John D. Rockefeller utilizaron su poder económico para influir en las decisiones políticas, a menudo operando tras bastidores. Durante este período surgió el concepto de los "barones ladrones", que puso de relieve la aparente colusión entre las élites adineradas y los funcionarios gubernamentales.

En resumen, las raíces históricas de la teoría del Estado Profundo revelan una sospecha de larga data de que existen estructuras de poder ocultas. Desde los antiguos rumores sobre consejos secretos hasta la influencia de las sociedades secretas medievales y renacentistas, la idea de un Estado Profundo ha evolucionado con el tiempo, moldeada por cambios políticos, sociales y tecnológicos. Comprender estas primeras menciones y raíces históricas es crucial para explorar la teoría en profundidad y examinar sus implicaciones para la sociedad contemporánea.

El nacimiento de las agencias de inteligencia modernas

La creación de agencias de inteligencia modernas marcó un punto de inflexión significativo en la historia de las operaciones encubiertas y las actividades gubernamentales secretas. Estas agencias, nacidas por necesidad en tiempos de conflicto global, se han convertido desde entonces en elementos centrales de la narrativa del Estado Profundo. Su creación y evolución han alimentado las sospechas de que existe un gobierno oculto que opera tras bambalinas y manipula los acontecimientos y las políticas para favorecer sus propios intereses.

Primera y Segunda Guerra Mundial : Los orígenes de las agencias de inteligencia modernas se remontan a principios del siglo XX, en particular durante las dos guerras mundiales. La Primera Guerra Mundial vio la formación del Servicio de Inteligencia Secreto británico (SIS), comúnmente conocido como MI6, en 1909. El MI6 tenía la tarea de reunir información sobre potencias extranjeras, un papel que se volvió cada vez más crucial a medida que avanzaba la guerra. El éxito del MI6 en proporcionar información valiosa sentó un precedente para el establecimiento de agencias similares en otros países.

La Segunda Guerra Mundial aceleró aún más el desarrollo de las agencias de inteligencia. Estados Unidos, reconociendo la necesidad de un esfuerzo de inteligencia coordinado, estableció la Oficina de Servicios Estratégicos (OSS) en 1942. La OSS era responsable del espionaje, el sabotaje y otras operaciones encubiertas tras las líneas enemigas. Sus actividades durante la guerra sentaron las bases para la creación de la Agencia Central de Inteligencia (CIA) en 1947. La CIA se creó en virtud de la Ley de Seguridad Nacional, cuyo objetivo era centralizar y agilizar los esfuerzos de inteligencia de Estados Unidos ante las amenazas globales emergentes.

Era de la Guerra Fría : La era de la Guerra Fría, que se extendió desde fines de la década de 1940 hasta principios de la década de 1990, fue un período de intensa rivalidad entre los Estados Unidos y la Unión Soviética. Esta lucha geopolítica condujo a la expansión y consolidación de las agencias de inteligencia de ambos lados. En los Estados Unidos, la CIA y la recién formada Agencia de Seguridad Nacional (NSA) desempeñaron papeles fundamentales en la recopilación de inteligencia y la realización de operaciones encubiertas.

La CIA , en particular, se convirtió en sinónimo de actividades clandestinas. Sus operaciones abarcaban desde el derrocamiento de gobiernos extranjeros hasta la vigilancia de presuntos comunistas dentro de los Estados Unidos. La participación de la agencia en acontecimientos como el golpe de Estado de 1953 en Irán y la invasión de Bahía de Cochinos en Cuba en 1961 alimentó las sospechas de que un gobierno oculto manipulaba los acontecimientos mundiales. La NSA, creada en 1952, se centró en la inteligencia de señales (SIG-

INT) y la vigilancia electrónica, ampliando aún más el alcance de las capacidades de inteligencia de Estados Unidos.

Del lado soviético, en 1954 se creó el KGB (Comité para la Seguridad del Estado), que consolidaba diversas funciones de inteligencia y seguridad bajo una sola organización. El KGB era responsable de la inteligencia tanto interna como externa, y sus actividades incluían espionaje, contrainteligencia y represión política. La rivalidad entre la CIA y el KGB se convirtió en un rasgo definitorio de la Guerra Fría, ya que ambas agencias participaban en un juego de espionaje y operaciones encubiertas de alto riesgo.

Operaciones encubiertas : Durante la Guerra Fría, las agencias de inteligencia llevaron a cabo numerosas operaciones encubiertas, muchas de las cuales siguen estando envueltas en el secreto. Estas operaciones a menudo implicaban la manipulación de acontecimientos políticos, el apoyo a insurgencias y la realización de una guerra psicológica. La participación de la CIA en la Operación Gladio, una iniciativa clandestina de la OTAN para contrarrestar la influencia comunista en Europa, es un ejemplo de ello. La operación implicaba el apoyo a grupos paramilitares de derecha y la realización de operaciones de falsa bandera para desacreditar a los movimientos de izquierda.

Otro ejemplo notable es el programa MKUltra de la CIA , cuyo objetivo era desarrollar técnicas de control mental mediante el uso de drogas y manipulación psicológica. El programa, que comenzó en la década de 1950, implicó experimentos poco éticos con sujetos inconscientes y sigue siendo uno de los episodios más controvertidos en la historia de la agencia. Estas operaciones encubiertas, a menudo llevadas a cabo sin supervisión ni rendición de cuentas, han contribuido a la percepción de un Estado profundo que opera fuera del alcance de las instituciones democráticas.

En resumen, el nacimiento de las agencias de inteligencia modernas durante las guerras mundiales y su expansión durante la Guerra Fría han desempeñado un papel crucial en la configuración de la narrativa del Estado profundo. La creación de agencias como la CIA, la NSA y la KGB, junto con su participación en operaciones encubiertas, ha alimentado las sospechas de que existe un gobierno oculto que manipula los acontecimientos tras bastidores. Comprender los orígenes y la evolución de estas agencias es esencial para explorar en profundidad la teoría del Estado profundo.

El complejo militar-industrial

El concepto de complejo militar-industrial es una piedra angular en la narrativa del Estado profundo. Se refiere a la estrecha relación entre el ejército de una nación, su gobierno y las industrias que suministran equipos y servicios militares. Esta relación suele verse como una red poderosa y secreta que influye en las políticas y decisiones nacionales, a menudo en detrimento de los procesos democráticos y los intereses públicos.

La advertencia de Eisenhower : El término "complejo militar-industrial" fue popularizado por el presidente Dwight D. Eisenhower en su discurso de despedida el 17 de enero de 1961. En su discurso, Eisenhower advirtió sobre la creciente influencia de este complejo, advirtiendo que la conjunción de un inmenso estamento militar y una gran industria armamentística era algo nuevo en la experiencia estadounidense. Subrayó que esta combinación tenía el potencial de ejercer una influencia indebida sobre la política nacional, lo que podría conducir a una distorsión de las prioridades y a una pérdida de control democrático.

La advertencia de Eisenhower fue significativa porque provino de un ex general de cinco estrellas que había servido como Comandante Supremo de las Fuerzas Expedicionarias Aliadas en Europa durante la Segunda Guerra Mundial. Sus conocimientos sobre el funcionamiento de las fuerzas armadas y su relación con la industria dieron peso considerable a sus preocupaciones. Instó a la vigilancia y a un enfoque equilibrado para garantizar que el complejo militar-industrial no socavara la gobernanza democrática.

Contratistas de defensa y grupos de presión : El complejo militar-industrial se caracteriza por los estrechos vínculos que existen entre los contratistas de defensa, los grupos de presión y los funcionarios gubernamentales. Los contratistas de defensa, como Lockheed Martin, Boeing y Raytheon, desempeñan un papel crucial en el suministro de tecnología y armamento avanzados a los militares. Estas empresas tienen importantes intereses financieros en el mantenimiento y la expansión de los presupuestos militares, lo que las lleva a ejercer una influencia considerable sobre los responsables de las políticas.

Los lobbistas que representan a los contratistas de defensa trabajan incansablemente para conseguir contratos gubernamentales e influir en la legislación que beneficia a sus clientes. A menudo emplean a ex oficiales militares y funcionarios gubernamentales que tienen conocimientos y conexiones privilegiadas, lo que crea una puerta giratoria entre el ejército, el gobierno y la industria privada. Este fenómeno de la puerta giratoria plantea inquietudes sobre los conflictos de intereses y la posibilidad de que las decisiones políticas estén impulsadas por motivos de lucro en lugar de necesidades de seguridad nacional.

La guerra de Vietnam y más allá : La guerra de Vietnam es un claro ejemplo de cómo el complejo militar-industrial puede moldear la política nacional. El prolongado conflicto, que duró desde 1955 hasta 1975, vio un aumento masivo del gasto militar y el despliegue de armamento avanzado. Los críticos sostienen que la guerra se prolongó, en parte, debido a los intereses de los contratistas de defensa que se beneficiaron del conflicto en curso.

La influencia del complejo militar-industrial no terminó con la guerra de Vietnam. Los conflictos posteriores, como la guerra del Golfo, la guerra de Irak y la guerra de Afganistán, también se han caracterizado por una importante participación de los contratistas de defensa. Estas empresas han proporcionado desde armas y vehículos hasta apoyo logístico y servicios de seguridad privados. La privatización de las funciones militares ha desdibujado aún más las fronteras entre los intereses públicos y privados, lo que plantea interrogantes sobre la rendición de cuentas y la transparencia.

Influencia económica y política : El complejo militar-industrial ejerce una considerable influencia económica y política. La industria de defensa es un importante empleador, ya que proporciona empleo a millones de personas y contribuye significativamente a la economía. Este impacto económico otorga a los contratistas de defensa una importante influencia sobre los responsables políticos, que pueden ser reacios a recortar el gasto militar debido a las preocupaciones sobre la pérdida de empleos y las repercusiones económicas.

Políticamente, el complejo militar-industrial tiene una poderosa presencia de lobby en Washington, DC. Los contratistas de defensa contribuyen en gran medida a las campañas políticas y emplean a lobbyistas para defender sus intereses. Esta influencia se extiende a los principales comités del Congreso que supervisan el gasto y la política de defensa, lo que garantiza que los intereses del complejo militar-industrial estén bien representados en las decisiones legislativas.

En resumen, el complejo militar-industrial es un componente fundamental de la narrativa del Estado profundo. La advertencia de Eisenhower sobre su potencial para ejercer una influencia indebida sobre la política nacional sigue siendo relevante hoy en día. Los estrechos vínculos entre los contratistas de defensa, los grupos de presión y los funcionarios gubernamentales, junto con el poder económico y político de la industria de defensa, contribuyen a la percepción de una red oculta que manipula los acontecimientos tras bambalinas. Comprender el complejo militar-industrial es esencial para explorar el concepto más amplio del Estado profundo y sus implicaciones para la democracia y la gobernanza.

Escándalos políticos y desconfianza pública

Los escándalos políticos han desempeñado un papel importante en la configuración de la percepción pública del gobierno y han alimentado la narrativa del Estado profundo. Estos escándalos a menudo revelan operaciones ocultas, comportamiento poco ético y abusos de poder, lo que conduce a una disminución de la confianza pública y a la creencia de que una red secreta está manipulando los acontecimientos tras bastidores.

El escándalo Watergate : El escándalo Watergate de principios de la década de 1970 es uno de los escándalos políticos más infames de la historia de Estados Unidos. Comenzó con un robo en la sede del Comité Nacional Demócrata en el complejo de oficinas Watergate en Washington, DC, y finalmente llevó a la renuncia del presidente Richard Nixon. El escándalo expuso una amplia gama de actividades ilegales llevadas a cabo por miembros de la administración de Nixon, incluidas escuchas telefónicas, robos e intentos de encubrir sus acciones.

El escándalo de Watergate tuvo un profundo impacto en la confianza pública en el gobierno. Reveló hasta qué punto los funcionarios del gobierno podían involucrarse en actividades clandestinas e ilegales para mantener el poder. Las investigaciones posteriores y la cobertura mediática sacaron a la luz el funcionamiento interno de la administración, lo que llevó a muchos a creer que había fuerzas ocultas en juego. El legado del escándalo sigue influyendo en las percepciones de la transparencia y la rendición de cuentas del gobierno.

Caso Irán-Contra : Otro escándalo político importante que contribuyó a la narrativa del Estado Profundo fue el caso Irán-Contra de la década de 1980. Este escándalo involucraba a altos funcionarios de la administración Reagan que facilitaban en secreto la venta de armas a Irán, que entonces estaba sujeto a un embargo de armas, y utilizaban las ganancias para financiar a los rebeldes de la Contra en Nicaragua. La operación se llevó a cabo sin el conocimiento ni la aprobación del Congreso, violando la ley estadounidense.

El escándalo Irán-Contra expuso hasta qué punto podían llegar los funcionarios del gobierno para lograr sus objetivos, incluso si eso significaba violar la ley y engañar al público. El escándalo dio lugar a múltiples investigaciones y condenas, lo que erosionó aún más la confianza pública en las instituciones gubernamentales y reforzó la idea de que una red oculta de funcionarios podía operar independientemente de la supervisión democrática y manipular los acontecimientos para sus propios fines.

La era posterior al 11 de septiembre : los acontecimientos del 11 de septiembre de 2001 y la posterior guerra contra el terrorismo también han contribuido a la percepción de un Estado profundo. A raíz de los ataques del 11 de septiembre, el gobierno de Estados Unidos implementó una serie de medidas destinadas a mejorar la seguridad nacional, incluida la Ley Patriota, que amplió las capacidades de vigilancia y redujo las libertades civiles. La creación del Departamento de Seguridad Nacional y el aumento del poder de las agencias de inteligencia como la NSA alimentaron aún más las preocupaciones sobre la extralimitación del gobierno.

Las revelaciones de informantes como Edward Snowden, que expuso el alcance de los programas de vigilancia de la NSA, han reforzado la creencia de que el gobierno opera en secreto, a menudo sin conocimiento ni consentimiento del público. Estas revelaciones han dado lugar a amplios debates sobre la privacidad, la seguridad y el equilibrio de poder entre el gobierno y sus ciudadanos. La percepción de que una red oculta vigila y controla a la población se ha convertido en un tema central en la narrativa del Estado profundo.

Desconfianza pública : los escándalos políticos y las revelaciones de mala conducta gubernamental han contribuido significativamente a la desconfianza pública en las instituciones gubernamentales. Las encuestas y sondeos muestran sistemáticamente que una gran parte de la población cree que el gobierno no es transparente y que oculta información importante al público. Esta desconfianza suele verse exacerbada por la cobertura mediática de los escándalos y la difusión de teorías conspirativas en las redes sociales.

La pérdida de confianza pública tiene consecuencias de largo alcance para la democracia y la gobernanza. Cuando la gente cree que su gobierno no actúa en su beneficio, es menos probable que participe en el proceso político, vote o apoye políticas públicas. Esta erosión de la confianza puede conducir a una mayor polarización, cinismo y una sensación de desempoderamiento entre los ciudadanos.

Impacto en la narrativa del Estado profundo : la acumulación de escándalos políticos y la desconfianza pública resultante han proporcionado un terreno fértil para que florezca la narrativa del Estado profundo. Cada nueva revelación de mala conducta gubernamental refuerza la creencia de que existe una red oculta de poder que opera tras bambalinas. Esta narrativa es utilizada a menudo por líderes políticos y movimientos populistas para conseguir apoyo y desacreditar a sus oponentes, lo que afianza aún más la idea de un Estado profundo en la conciencia pública.

En resumen, los escándalos políticos como el Watergate y el caso Irán-Contra, junto con las medidas de seguridad posteriores al 11 de septiembre, han desempeñado un papel crucial en la configuración de la narrativa del Estado profundo. Estos acontecimientos han puesto de manifiesto operaciones ocultas y abusos de poder, lo que ha llevado a una pérdida de confianza pública y a la creencia de que una red secreta está manipulando los acontecimientos tras bambalinas. Comprender el impacto de estos escándalos es esencial para explorar el concepto más amplio del Estado profundo y sus implicaciones para la democracia y la gobernanza.

El auge de la narrativa del Estado profundo en la cultura popular

El concepto de Estado profundo no sólo ha permeado el discurso político, sino que también ha encontrado un lugar importante en la cultura popular. A través de libros, películas, programas de televisión y redes sociales, la narrativa de un gobierno oculto que manipula los acontecimientos tras bastidores se ha reflejado y amplificado, moldeando la percepción pública y alimentando la aceptación generalizada de la teoría.

Libros y películas : La literatura y el cine han estado fascinados desde hace mucho tiempo con la idea de las estructuras de poder secretas. Novelas clásicas como "1984" de George Orwell y "Un mundo feliz" de Aldous Huxley exploran temas de vigilancia y control gubernamental, en resonancia con la narrativa del Estado profundo. Estos cuentos distópicos, aunque ficticios, resaltan los peligros potenciales del poder sin control y han influido en el pensamiento público sobre la posibilidad de un gobierno oculto.

En el ámbito cinematográfico, películas como "El mensajero del miedo" (1962) y "Los tres días del cóndor" (1975) se adentran en el mundo del espionaje y las operaciones encubiertas, retratando a las agencias de inteligencia como entidades poderosas capaces de manipular los acontecimientos desde las sombras. Películas más recientes como "Enemigo público" (1998) y "Snowden" (2016) continúan esta tradición, reflejando las preocupaciones contemporáneas sobre la vigilancia y la extralimitación del gobierno.

Programas de televisión : La televisión también ha desempeñado un papel crucial en la popularización de la narrativa del Estado profundo. Programas como "Los expedientes secretos X" (1993-2018) y "24" (2001-2010) muestran conspiraciones gubernamentales y operaciones secretas, cautivando a las audiencias con su representación de agendas ocultas y figuras sombrías. "Los expedientes secretos X", en particular, se convirtieron en un fenómeno cultural, con su lema "La verdad está ahí afuera" que encapsula la esencia de la teoría del Estado profundo.

Series más recientes como "House of Cards" (2013-2018) y "Homeland" (2011-2020) continúan explorando temas de intriga política y operaciones encubiertas. Estos programas a menudo difuminan las fronteras entre ficción y realidad, recurriendo a hechos y escándalos del mundo real para crear narrativas convincentes que resuenan con las sospechas de los espectadores sobre las estructuras de poder ocultas.

Medios de comunicación y redes sociales : Los medios de comunicación tradicionales y las redes sociales han sido fundamentales para difundir y reforzar las narrativas del Estado profundo. La cobertura periodística de escándalos políticos, filtraciones de inteligencia y acciones gubernamentales a menudo incluye referencias al Estado profundo, ya sea directa o indirectamente. Esta cobertura puede crear una sensación de legitimidad en torno a la teoría, haciéndola más plausible para el público en general .

Las plataformas de redes sociales como Twitter, Facebook y YouTube han amplificado el alcance de las narrativas del Estado Profundo, permitiendo a las personas compartir sus puntos de vista y conectarse con personas que piensan como ellas. La naturaleza viral de las redes sociales significa que el contenido del Estado Profundo puede llegar rápidamente a una amplia audiencia, a menudo sin el escrutinio que los medios tradicionales podrían aplicar. Esto ha llevado a una proliferación de teorías del Estado Profundo, que van desde análisis detallados hasta afirmaciones sensacionalistas.

Figuras públicas y teóricos de la conspiración : Las figuras públicas y los teóricos de la conspiración han desempeñado un papel importante en la incorporación de la teoría del Estado profundo al discurso general. Los políticos, comentaristas e influyentes a menudo invocan al Estado profundo para explicar la oposición a sus agendas o para conseguir apoyo. Por ejemplo, durante su presidencia, Donald Trump se refirió con frecuencia al Estado profundo como una forma de explicar la resistencia a sus políticas y acciones. Esta retórica resonó entre sus partidarios, quienes la vieron como una confirmación de sus sospechas sobre una red oculta de poder.

Los teóricos de la conspiración como Alex Jones y sitios web como Infowars también han influido en la difusión de las narrativas del Estado profundo. Estas figuras a menudo se presentan como buscadores de la verdad, exponiendo agendas ocultas y operaciones secretas. Su contenido, aunque a menudo carece de pruebas creíbles, atrae a quienes ya son escépticos respecto de las narrativas dominantes y la transparencia gubernamental.

Impacto en la percepción pública : La representación del Estado profundo en la cultura popular ha tenido un profundo impacto en la percepción pública. Al presentar la idea de un gobierno oculto de formas convincentes y cercanas, los libros, las películas, los programas de televisión y las redes sociales han hecho que el concepto sea más accesible y creíble. Este refuerzo cultural ha contribuido a la aceptación generalizada de la teoría del Estado profundo, dando forma a la forma en que las personas ven a su gobierno y al mundo que las rodea.

En resumen, el ascenso de la narrativa del Estado Profundo en la cultura popular ha desempeñado un papel crucial en la configuración de la percepción pública y en el fomento de la aceptación generalizada de la teoría. A través de la literatura, el cine, la televisión y las redes sociales, la idea de un gobierno oculto que manipula los acontecimientos tras bambalinas se ha reflejado y amplificado, convirtiéndola en un tema central en el discurso contemporáneo. Comprender esta influencia cultural es esencial para explorar el concepto más amplio del Estado Profundo y sus implicaciones para la sociedad.

Capítulo 2: Actores e instituciones clave

Funcionarios del gobierno

La teoría del Estado profundo suele implicar a funcionarios gubernamentales de alto rango, burócratas de carrera y asesores influyentes que, según se cree, operan tras bambalinas y dan forma a políticas y decisiones independientemente de los líderes electos. Esta sección explora los roles y la influencia de estos actores clave dentro del gobierno.

Políticos de alto rango : En la vanguardia de la narrativa del Estado profundo se encuentran políticos de alto rango, incluidos presidentes, primeros ministros y miembros del gabinete. A menudo se considera que estos individuos son la cara pública del gobierno, pero la teoría sugiere que sus acciones y decisiones están fuertemente influenciadas, si no controladas, por una red oculta de poder. Por ejemplo, la idea de que los presidentes son meros testaferros mientras que el poder real reside en funcionarios no electos ha sido un tema recurrente en los debates sobre el Estado profundo.

Entre los ejemplos históricos que se citan con frecuencia se encuentran las administraciones de Franklin D. Roosevelt y John F. Kennedy. Las políticas del New Deal de Roosevelt y la gestión de Kennedy de la Crisis de los Misiles de Cuba son vistas por algunos como ejemplos de cómo el Estado Profundo ejerció su influencia para orientar la política nacional. Más recientemente, las presidencias de Barack Obama y Donald Trump han sido objeto de escrutinio por supuesta interferencia del Estado Profundo, y ambos líderes enfrentan acusaciones de haber sido socavados por burócratas y funcionarios de inteligencia arraigados.

Burócratas de carrera : Los burócratas de carrera, o funcionarios públicos, son otro componente fundamental de la teoría del Estado profundo. Estos individuos suelen permanecer en sus puestos independientemente de los cambios en el liderazgo político, lo que proporciona continuidad y estabilidad dentro del gobierno. Sin embargo, su larga permanencia en el cargo y su profundo conocimiento institucional también los convierten en actores poderosos capaces de influir en las políticas y la toma de decisiones desde detrás de escena.

La teoría postula que estos burócratas pueden resistir o subvertir las agendas de los funcionarios electos, asegurando que ciertas políticas y prácticas permanezcan inalteradas. Esta resistencia se presenta a menudo como una defensa del status quo o de los intereses de la propia burocracia. Algunos ejemplos son el Departamento de Estado y el Departamento de Defensa, donde se cree que los funcionarios de carrera ejercen una influencia significativa sobre las políticas exteriores y de defensa.

Asesores y asistentes : Los asesores y asistentes clave de políticos de alto rango también son vistos como figuras clave dentro del Estado Profundo. Estas personas suelen tener relaciones personales estrechas con sus principales dirigentes y se les confía información confidencial y decisiones estratégicas. Su proximidad al poder les permite dar forma a las políticas e influir en las decisiones de maneras que no siempre son visibles para el público.

Entre los ejemplos más notables se encuentra Henry Kissinger, quien se desempeñó como asesor de seguridad nacional y secretario de Estado durante las presidencias de Nixon y Ford. El papel de Kissinger en la definición de la política exterior estadounidense durante la Guerra Fría se cita a menudo como prueba de la influencia que pueden ejercer los asesores. De manera similar, figuras más recientes como Steve Bannon, quien se desempeñó como estratega jefe del presidente Trump, han sido consideradas actores clave en el avance de agendas específicas dentro de la administración.

La puerta giratoria : el concepto de "puerta giratoria" entre el gobierno y la industria privada complica aún más la narrativa del Estado profundo. Este fenómeno se refiere al movimiento de individuos entre roles en el gobierno y puestos en el sector privado, particularmente en industrias como la defensa, las finanzas y la tecnología. La puerta giratoria se considera una forma en que los intereses privados ejercen influencia sobre las políticas y decisiones gubernamentales.

Por ejemplo, los ex funcionarios del gobierno suelen aceptar puestos lucrativos en contratistas de defensa o empresas de lobby, aprovechando su conocimiento interno y sus conexiones para beneficiar a sus nuevos empleadores. Por el contrario, los ejecutivos de grandes corporaciones pueden ser designados para puestos clave en el gobierno, donde pueden dar forma a políticas que favorezcan a sus industrias. Este intercambio entre los sectores público y privado se considera un mecanismo a través del cual el Estado profundo mantiene su influencia.

Conclusión : Los roles de los políticos de alto rango, los burócratas de carrera, los asesores y la puerta giratoria entre el gobierno y la industria privada son fundamentales para la teoría del Estado profundo. Se cree que estos actores clave operan tras bastidores, dando forma a las políticas y decisiones de maneras que sirven a sus intereses y mantienen su poder. Comprender la influencia de estos individuos es crucial para explorar el concepto más amplio del

Estado profundo y sus implicaciones para la democracia y la gobernanza.

Agencias de inteligencia

Las agencias de inteligencia suelen estar en el centro de la narrativa del Estado Profundo. Estas organizaciones, encargadas de recopilar información y llevar a cabo operaciones encubiertas, son vistas como entidades poderosas capaces de influir en los acontecimientos nacionales y mundiales desde detrás de escena. Esta sección explora los roles de las agencias de inteligencia clave, su contexto histórico y su presunta participación en el Estado Profundo.

CIA y NSA : La Agencia Central de Inteligencia (CIA) y la Agencia de Seguridad Nacional (NSA) son dos de las agencias de inteligencia más importantes de los Estados Unidos. La CIA, establecida en 1947, es responsable de reunir inteligencia extranjera y realizar operaciones encubiertas. Sus actividades van desde el espionaje hasta la influencia sobre gobiernos extranjeros, a menudo a través de medios clandestinos. La participación de la CIA en eventos como el golpe de Estado de 1953 en Irán y la invasión de Bahía de Cochinos en Cuba en 1961 ha alimentado las sospechas de su papel en la manipulación de la política global.

La NSA, creada en 1952, se centra en la inteligencia de señales (SIGINT) y la vigilancia electrónica. Su misión es monitorear y analizar las comunicaciones para proteger la seguridad nacional. Las capacidades de la NSA se expandieron significativamente con los avances tecnológicos, lo que le permitió interceptar y analizar grandes cantidades de datos. Las revelaciones del denunciante Edward Snowden en 2013 expusieron el alcance de los programas de vigilancia de la NSA, incluida la recopilación de datos telefónicos y de Internet de millones de personas en todo el mundo. Estas revelaciones reforzaron la percepción de una red oculta que monitorea y controla la información.

El FBI y la vigilancia interna : el FBI desempeña un papel crucial en la inteligencia y contrainteligencia internas. Fundado en 1908, las responsabilidades del FBI incluyen la investigación de delitos federales, la lucha contra el terrorismo y la protección de los derechos civiles. Sin embargo, su participación en la vigilancia interna ha suscitado inquietudes sobre su papel en el Estado profundo.

Durante la Guerra Fría, el FBI llevó a cabo una vigilancia exhaustiva de presuntos comunistas y activistas políticos en el marco de programas como el COINTELPRO (Programa de Contrainteligencia). Estas operaciones, a menudo llevadas a cabo sin la debida supervisión, tenían como objetivo a líderes de los derechos civiles, activistas contra la guerra y otras voces disidentes. Las acciones del FBI durante este período han sido criticadas por violar las libertades civiles y contribuir a la percepción de una agencia gubernamental secreta que opera al margen de la ley.

Redes de inteligencia internacionales : la colaboración entre las agencias de inteligencia estadounidenses y sus homólogas internacionales es otro aspecto fundamental de la narrativa del Estado profundo. Agencias como la CIA y la NSA trabajan en estrecha colaboración con servicios de inteligencia extranjeros, como el MI6 británico, el Mossad israelí y el Servicio de Inteligencia de Seguridad canadiense (CSIS). Estas asociaciones facilitan el intercambio de inteligencia, las operaciones conjuntas y los esfuerzos coordinados para abordar las amenazas globales.

Un ejemplo notable es la alianza "Five Eyes", una red de inteligencia cooperativa integrada por Estados Unidos, el Reino Unido, Canadá, Australia y Nueva Zelanda. Esta alianza permite a los países miembros compartir inteligencia y realizar operaciones de vigilancia conjuntas. El amplio alcance y las capacidades de estas redes contribuyen a la percepción de un Estado profundo global, donde las agencias de inteligencia operan con una autonomía e influencia significativas.

Operaciones encubiertas y operaciones negras : las agencias de inteligencia suelen participar en operaciones encubiertas y "operaciones negras" (black operations), que son misiones secretas que se llevan a cabo sin conocimiento público ni rendición de cuentas. Estas operaciones pueden incluir asesinatos, sabotajes y guerra psicológica. La participación de la CIA en operaciones encubiertas durante la Guerra Fría, como la Operación Gladio en Europa y el apoyo a las insurgencias anticomunistas en América Latina, ejemplifica el papel de la agencia en las actividades clandestinas.

El uso de operaciones encubiertas ha continuado hasta la era moderna, con agencias de inteligencia realizando operaciones en zonas de conflicto como Afganistán, Irak y Siria. Estas misiones, a menudo envueltas en secreto, contribuyen a la percepción de un gobierno oculto que manipula los acontecimientos tras bambalinas. La falta de transparencia y supervisión en estas operaciones plantea interrogantes sobre la rendición de cuentas y el potencial abuso de poder.

Conclusión : Las agencias de inteligencia como la CIA, la NSA y el FBI desempeñan un papel central en la narrativa del Estado Profundo. Su participación en operaciones encubiertas, vigilancia interna y redes de inteligencia internacionales contribuye a la percepción de un gobierno oculto que manipula los acontecimientos tras bastidores. Comprender los roles y las actividades de estas agencias es esencial para explorar el concepto más amplio del Estado Profundo y sus implicaciones para la democracia y la gobernanza.

Influencia militar

El papel de los militares en la narrativa del Estado profundo es significativo, y a menudo se los describe como una fuerza poderosa que moldea las políticas y decisiones de seguridad nacional tras bastidores. Esta sección explora la influencia del Pentágono, el Departamento de Defensa, el Estado Mayor Conjunto y los contratistas militares privados en el contexto del Estado profundo.

El Pentágono y el Departamento de Defensa : El Pentágono, sede del Departamento de Defensa de los Estados Unidos (DoD), es una figura central en la teoría del Estado profundo. El DoD es responsable de supervisar todas las ramas del ejército estadounidense e implementar políticas de defensa nacional. Con un presupuesto que supera los 700 mil millones de dólares anuales, el DoD ejerce una influencia considerable sobre el gasto gubernamental y las decisiones políticas.

La influencia del Pentágono se extiende más allá de las operaciones militares tradicionales. Desempeña un papel crucial en la formulación de la política exterior, a menudo en estrecha colaboración con agencias de inteligencia y otros departamentos gubernamentales. La participación del Departamento de Defensa en conflictos en todo el mundo, desde Oriente Medio hasta Asia, subraya su importancia estratégica. Los críticos sostienen que los vastos recursos y las prioridades estratégicas del Pentágono a veces pueden eclipsar la supervisión civil, lo que contribuye a la percepción de una agenda militar oculta.

Jefes del Estado Mayor Conjunto : El Estado Mayor Conjunto (JCS, por sus siglas en inglés) es un cuerpo de líderes militares de alto rango que asesoran al Presidente, al Secretario de Defensa y al Consejo de Seguridad Nacional en asuntos militares. El JCS está integrado por el Presidente, el Vicepresidente y los jefes del Ejército, la Armada, la Fuerza Aérea, el Cuerpo de Marines y la Fuerza Espacial. Estos líderes son responsables de proporcionar orientación estratégica y garantizar la preparación de las fuerzas armadas.

La influencia del JCS en la política de seguridad nacional es significativa. Su experiencia y sus conocimientos estratégicos dan forma a las operaciones militares y a la planificación de la defensa. El papel del JCS en el asesoramiento a los niveles más altos del gobierno significa que sus perspectivas pueden influir en gran medida en las decisiones sobre cuestiones de guerra y paz. Esta capacidad de asesoramiento, combinada con su control operativo, posiciona al JCS como un actor clave en la narrativa del Estado profundo, donde se considera que los líderes militares dan forma a la política desde detrás de escena.

Contratistas militares privados : el auge de los contratistas militares privados (CMP) ha añadido una nueva dimensión a la influencia de los militares dentro de la teoría del Estado profundo. Los CMP son empresas privadas que proporcionan una variedad de servicios militares, que incluyen seguridad, logística y operaciones de combate. Empresas como Blackwater (ahora Academi), DynCorp y Triple Canopy han desempeñado papeles destacados en conflictos como la guerra de Irak y la guerra de Afganistán.

El uso de empresas militares privadas permite al gobierno aumentar su capacidad militar sin el escrutinio político y público que acompaña al despliegue de tropas regulares. Esta externalización de funciones militares a entidades privadas plantea inquietudes sobre la rendición de cuentas y la transparencia. Las empresas militares privadas operan con contratos que a menudo son secretos, lo que dificulta la evaluación de sus acciones y su impacto. La participación de las empresas militares privadas en incidentes controvertidos, como la masacre de la plaza Nisour en Bagdad, ha alimentado aún más las sospechas de que existe una agenda militar oculta que opera fuera de los límites de la supervisión pública.

Complejo militar-industrial : El concepto de complejo militar-industrial, como advirtió el presidente Dwight D. Eisenhower en su discurso de despedida de 1961, sigue siendo relevante en los debates sobre el Estado profundo. El complejo militar-industrial se refiere a la estrecha relación entre los militares, los contratistas de defensa y los funcionarios del gobierno. Esta relación se caracteriza por intereses mutuos en mantener y ampliar el gasto y las capacidades militares.

Los contratistas de defensa como Lockheed Martin, Boeing y Raytheon son actores importantes en el complejo militar-industrial. Estas empresas producen armamento y tecnología avanzados para el ejército, y su éxito financiero está estrechamente vinculado a los contratos gubernamentales. La puerta giratoria entre el Pentágono y los contratistas de defensa, donde ex funcionarios militares ocupan puestos en la industria de defensa y viceversa, refuerza la percepción de una red muy unida que influye en la política y el gasto en defensa.

Conclusión : La influencia de los militares en la narrativa del Estado profundo es multifacética y abarca los roles del Pentágono, el Estado Mayor Conjunto, los contratistas militares privados y el complejo militar-industrial. Estas entidades son vistas como fuerzas poderosas que dan forma a las políticas y decisiones de seguridad nacional, y que a menudo operan con una autonomía e influencia significativas. Comprender el papel de los militares es crucial para explorar el concepto más amplio del Estado profundo y sus implicaciones para la democracia y la gobernanza.

Poder corporativo

El poder corporativo es un elemento importante en la narrativa del Estado Profundo, a menudo representado como una fuerza impulsora detrás de agendas ocultas y decisiones políticas. Esta sección explora los roles de los principales contratistas de defensa, empresas de tecnología e instituciones financieras, y su supuesta influencia dentro del Estado Profundo.

Contratistas de defensa : Los contratistas de defensa son fundamentales para el complejo militar-industrial, término popularizado por el presidente Dwight D. Eisenhower. Empresas como

Lockheed Martin, Boeing y Raytheon se encuentran entre los contratistas de defensa más grandes del mundo y proporcionan armamento, tecnología y servicios avanzados a las fuerzas armadas. Estas empresas tienen importantes intereses financieros en mantener y ampliar los presupuestos militares, lo que puede llevar a una influencia significativa sobre las políticas de defensa y el gasto gubernamental.

La relación entre los contratistas de defensa y el gobierno suele caracterizarse por una especie de puerta giratoria, en la que ex funcionarios militares asumen puestos en la industria de defensa y viceversa. Este intercambio permite a los contratistas de defensa aprovechar el conocimiento y las conexiones internas para conseguir contratos lucrativos y dar forma a las decisiones políticas. La influencia de los contratistas de defensa se ve reforzada aún más por sus esfuerzos de cabildeo, que tienen como objetivo influir en los legisladores y los responsables de las políticas a favor de un mayor gasto en defensa y de regulaciones favorables.

Las grandes empresas tecnológicas y la vigilancia : Las empresas tecnológicas, en particular las que se dedican a la recopilación y vigilancia de datos, también son consideradas actores clave del Estado profundo. Empresas como Google, Facebook y Amazon han acumulado enormes cantidades de datos sobre personas, que pueden utilizarse para diversos fines, como la publicidad dirigida, la investigación de mercado y, potencialmente, la vigilancia gubernamental.

La colaboración entre las empresas tecnológicas y las agencias gubernamentales ha suscitado inquietudes sobre la privacidad y las libertades civiles. Programas como PRISM, revelado por Edward Snowden, mostraron cómo la NSA accedió a datos de las principales empresas tecnológicas para monitorear las comunicaciones y recopilar información. Esta asociación entre las grandes tecnológicas y las agencias de inteligencia contribuye a la percepción de un Estado profundo que monitorea y controla la información, a menudo sin el conocimiento o consentimiento del público.

Instituciones financieras : las principales instituciones financieras, como Goldman Sachs, JPMorgan Chase y Citigroup, suelen estar implicadas en la narrativa del Estado profundo debido a su importante influencia sobre las políticas y decisiones económicas. Estas instituciones tienen un poder considerable para moldear los mercados financieros, influir en las tasas de interés y determinar el flujo de capital.

La influencia de la industria financiera es evidente en los estrechos vínculos que existen entre Wall Street y los funcionarios gubernamentales. Muchos funcionarios gubernamentales de alto rango, incluidos los secretarios del Tesoro y los presidentes de la Reserva Federal, tienen experiencia en importantes instituciones financieras. Esta puerta giratoria entre Wall Street y los puestos gubernamentales permite a las instituciones financieras ejercer una influencia considerable sobre la política económica, a menudo priorizando sus intereses sobre los del público en general .

Lobby corporativo e influencia : el lobby corporativo es una herramienta poderosa que utilizan las empresas para influir en la legislación y las decisiones políticas. Los lobbistas que representan a diversas industrias, incluidas la defensa, la tecnología y las finanzas, trabajan para dar forma a las leyes y regulaciones de manera que beneficien a sus clientes. Esta actividad de lobby a menudo implica importantes contribuciones financieras a las campañas políticas, lo que crea una dependencia de las donaciones corporativas entre los funcionarios electos.

La influencia del lobby corporativo se extiende a los principales comités del Congreso y a las agencias reguladoras, donde se toman decisiones que afectan a industrias enteras. La capacidad de las corporaciones para dar forma a las políticas a través de sus actividades de lobby refuerza la percepción de un Estado profundo, donde entidades poderosas operan tras bambalinas para promover sus intereses.

Conclusión : El poder corporativo, que abarca a los contratistas de defensa, las empresas tecnológicas y las instituciones financieras, desempeña un papel crucial en la narrativa del Estado profundo. Estas entidades son vistas como fuerzas influyentes que dan forma a las políticas y decisiones, y que a menudo operan con una autonomía e influencia significativas. La puerta giratoria entre el gobierno y la industria privada, junto con los amplios esfuerzos de cabildeo, contribuye a la percepción de una red oculta que manipula los acontecimientos tras bambalinas. Comprender el papel del poder corporativo es esencial para explorar el concepto más amplio del Estado profundo y sus implicaciones para la democracia y la gobernanza.

Medios de comunicación y opinión pública

Los medios de comunicación desempeñan un papel crucial en la formación de la opinión pública y suelen estar implicados en la narrativa del Estado profundo. Esta sección explora la influencia de los medios tradicionales, los medios alternativos, los denunciantes y las redes sociales en la difusión y el refuerzo de las teorías del Estado profundo.

Los principales medios de comunicación, como las principales cadenas de televisión, los periódicos y los sitios web de noticias, son herramientas poderosas para moldear la percepción pública. A menudo se acusa a estos medios de ser cómplices del Estado profundo, ya sea por promover ciertas narrativas o por no informar sobre cuestiones que desafían el status quo. Los críticos argumentan que los principales medios de comunicación sirven a los intereses de las élites poderosas, proporcionando una plataforma para los funcionarios gubernamentales y los líderes corporativos mientras marginan las voces disidentes.

La consolidación de la propiedad de los medios de comunicación ha alimentado aún más estas sospechas. Un pequeño número de conglomerados controla una parte importante del panorama mediático, lo que genera inquietudes sobre la falta de diversidad de puntos de vista y la posibilidad de una comunicación coordinada. Esta concentración del poder mediático se considera un mecanismo a través del cual el Estado profundo puede influir en la opinión pública y mantener el control sobre la narrativa.

Medios alternativos y denunciantes : a diferencia de los medios tradicionales, los medios alternativos suelen posicionarse como detractores de la narrativa dominante. Estos medios, que incluyen sitios web de noticias independientes, blogs y podcasts, brindan una plataforma para voces que a menudo quedan excluidas de la cobertura general. Desempeñan un papel crucial a la hora de exponer operaciones ocultas y desafiar las narrativas oficiales, lo que contribuye a la difusión de las teorías del Estado profundo.

Los denunciantes también son figuras clave en esta dinámica. Personas como Edward Snowden, Chelsea Manning y Julian Assange han revelado información clasificada que expuso la mala conducta del gobierno y los programas de vigilancia. Sus revelaciones han proporcionado pruebas concretas para quienes creen en la existencia de un Estado profundo, destacando la brecha entre el conocimiento público y la realidad de las operaciones del gobierno.

Influencia de las redes sociales : las plataformas de redes sociales como Twitter, Facebook y YouTube han revolucionado la forma en que se difunde y consume la información. Estas plataformas permiten a las personas compartir sus puntos de vista y conectarse con personas que piensan como ellas, creando cámaras de resonancia donde las teorías del Estado Profundo pueden prosperar. La naturaleza viral de las redes sociales significa que el contenido puede llegar rápidamente a una amplia audiencia, a menudo sin el escrutinio que los medios tradicionales podrían aplicar.

Los algoritmos de las redes sociales, diseñados para maximizar la interacción, suelen priorizar el contenido sensacionalista y controvertido. Esto puede dar lugar a la amplificación de las teorías conspirativas, ya que las publicaciones que provocan reacciones fuertes tienen más probabilidades de ser compartidas y vistas por otros. La difusión de información errónea y desinformación en las redes sociales se ha convertido en una preocupación importante, y las plataformas luchan por equilibrar la libertad de expresión con la necesidad de prevenir la difusión de contenido dañino.

Impacto en la percepción pública : La influencia de los medios de comunicación y las redes sociales en la percepción pública es profunda. Las encuestas y sondeos indican que una parte importante de la población cree en la existencia de un Estado profundo. Esta creencia se ve reforzada a menudo por la cobertura mediática de escándalos políticos, filtraciones de inteligencia y acciones gubernamentales que sugieren agendas ocultas y operaciones secretas.

La polarización del consumo de medios exacerba aún más este problema. Las personas tienden a consumir noticias de fuentes que coinciden con sus creencias preexistentes, lo que genera un panorama mediático fragmentado en el que distintos segmentos de la población tienen visiones muy diferentes de la realidad. Esta polarización puede profundizar las divisiones y dificultar el logro de un consenso sobre cuestiones importantes.

Conclusión : Los medios de comunicación, que abarcan los medios tradicionales, los medios alternativos, los denunciantes y las redes sociales, desempeñan un papel crucial en la formación de la opinión pública y el refuerzo de las teorías del Estado profundo. La consolidación de la propiedad de los medios, el auge de las plataformas alternativas y la naturaleza viral de las redes sociales contribuyen a la percepción de una red oculta que manipula los acontecimientos tras bastidores. Comprender la influencia de los medios y la opinión pública es esencial para explorar el concepto más amplio del Estado profundo y sus implicaciones para la democracia y la gobernanza.

Capítulo 3: Mecanismos de control

Manipulación de los medios

La manipulación de los medios es un mecanismo central a través del cual se cree que el Estado Profundo controla la percepción pública y mantiene su influencia. Esta sección explora cómo el Estado Profundo supuestamente controla el flujo de información, emplea técnicas de propaganda y utiliza la censura y la manipulación de los medios para dar forma a las narrativas.

Control de la información : Se cree que una de las principales formas en que el Estado Profundo ejerce su influencia es a través del control de los medios de comunicación tradicionales. Los principales medios de comunicación, incluidas las cadenas de televisión, los periódicos y las plataformas de noticias en línea, suelen ser acusados de ser cómplices de la promoción de la agenda del Estado Profundo. Se cree que este control se logra mediante la propiedad por parte de élites poderosas, la influencia editorial y la difusión selectiva de la información.

La consolidación de la propiedad de los medios de comunicación ha llevado a una situación en la que un pequeño número de conglomerados controlan una parte significativa del panorama mediático. Esta concentración de poder permite la coordinación de mensajes y la supresión de puntos de vista disidentes. Los críticos sostienen que este control sobre el flujo de información garantiza que sólo ciertas narrativas lleguen al público, mientras que las perspectivas alternativas quedan marginadas o ignoradas.

Técnicas de propaganda : La propaganda es una herramienta poderosa que se utiliza para moldear la opinión pública y mantener el control sobre la narrativa. Se cree que el Estado Profundo emplea diversas técnicas de propaganda para influir en la forma en que la gente piensa y se comporta. Estas técnicas incluyen el uso de un lenguaje cargado de emociones, la repetición de mensajes clave y la formulación de cuestiones de una manera que respalde la narrativa deseada.

Una técnica de propaganda común es la creación de narrativas de "nosotros contra ellos", que polarizan al público y crean una sensación de urgencia o amenaza. Al enmarcar a ciertos grupos o individuos como enemigos, el Estado profundo puede conseguir apoyo público para sus acciones y políticas. Esta técnica se utiliza a menudo en tiempos de crisis, como durante guerras o emergencias nacionales, para justificar un mayor control y vigilancia gubernamental.

Censura y manipulación mediática : la censura y la manipulación mediática son métodos adicionales que se utilizan para manipular la percepción pública. La censura implica la supresión de información que contradice la agenda del Estado Profundo, mientras que la manipulación mediática implica presentar la información de una manera que favorezca un punto de vista particular. Ambas técnicas se utilizan para controlar la narrativa y garantizar que el público reciba un mensaje coherente y favorable.

La censura puede adoptar muchas formas, como la eliminación de contenidos de sitios web de noticias, el silenciamiento de voces disidentes y la restricción del acceso a cierta información. Por ejemplo, los denunciantes que denuncian la mala conducta del gobierno pueden enfrentarse a repercusiones legales, y sus revelaciones pueden ser minimizadas o ignoradas por los medios tradicionales. Esta supresión de información impide que el público comprenda plenamente los problemas en cuestión.

Por otra parte, la manipulación mediática implica la presentación selectiva de los hechos y el uso de un lenguaje persuasivo para moldear la percepción pública. Esto puede incluir enfatizar ciertos aspectos de una historia mientras se restan importancia a otros, usar un lenguaje cargado para evocar respuestas emocionales y enmarcar los eventos de una manera que respalde la narrativa deseada. Al controlar cómo se presenta la información, el Estado Profundo puede influir en cómo las personas interpretan y reaccionan ante los eventos.

Estudios de casos : Los ejemplos históricos y contemporáneos ilustran cómo se cree que opera la manipulación de los medios de comunicación. Durante la Guerra Fría, tanto Estados Unidos como la Unión Soviética utilizaron la propaganda para influir en la opinión pública y mantener el control sobre sus respectivas poblaciones. En Estados Unidos, el gobierno trabajó en estrecha colaboración con los medios de comunicación para promover el sentimiento anticomunista y justificar las intervenciones militares.

Más recientemente, el auge de las redes sociales ha introducido nuevos desafíos y oportunidades para la manipulación de los medios. La difusión de información errónea y desinformación en plataformas como Facebook y Twitter ha facilitado que el Estado profundo influya en la percepción pública. Los algoritmos que priorizan el contenido sensacionalista pueden amplificar ciertas narrativas, mientras que los esfuerzos por verificar los hechos y contrarrestar la información falsa a menudo tienen dificultades para seguir el ritmo.

Conclusión : La manipulación de los medios de comunicación es un mecanismo clave a través del cual se cree que el Estado Profundo controla la percepción pública y mantiene su influencia. Al controlar el flujo de información, emplear técnicas de propaganda y utilizar la censura y la manipulación de los medios de comunicación, el Estado Profundo puede moldear las narrativas y garantizar que se promueva su agenda. Comprender estos métodos es esencial para explorar el concepto más amplio del Estado Profundo y sus implicaciones para la democracia y la gobernanza.

Influencia económica

La influencia económica es un mecanismo fundamental a través del cual se cree que el Estado Profundo ejerce control sobre las políticas nacionales y globales. Esta sección explora cómo el Estado Profundo supuestamente manipula los mercados financieros, aprovecha el poder corporativo y genera crisis económicas para consolidar su poder y mantener el control.

Mercados financieros : Se cree que una de las principales formas en que el Estado Profundo manipula los resultados económicos es a través del control de los mercados financieros. Se cree que este control lo ejerce un pequeño grupo de poderosas instituciones financieras y bancos centrales que pueden influir en las tendencias del mercado, las tasas de interés y los valores monetarios. Al manipular estas palancas económicas, el Estado Profundo puede crear condiciones favorables para sus intereses y, al mismo tiempo, desestabilizar a quienes se oponen a su agenda.

La crisis financiera de 2008 se cita a menudo como un ejemplo de esa manipulación. Los críticos sostienen que la crisis se vio exacerbada por las acciones de las principales instituciones financieras y de la Reserva Federal, que no regularon adecuadamente las prácticas financieras riesgosas. El posterior rescate de estas instituciones, financiado con dinero de los contribuyentes, se considera una prueba de la capacidad del Estado Profundo para proteger sus propios intereses a expensas del público en general .

Control corporativo : Se cree que las grandes corporaciones, en particular las de los sectores de defensa, tecnología y finanzas, desempeñan un papel importante en la influencia económica del Estado profundo. Estas corporaciones tienen recursos y conexiones sustanciales, lo que les permite dar forma a las políticas y decisiones económicas. La puerta giratoria entre ejecutivos corporativos y funcionarios gubernamentales refuerza aún más esta influencia, ya que los individuos se mueven entre puestos en el sector privado y roles gubernamentales clave.

Por ejemplo, la influencia de los contratistas de defensa en el gasto militar y la política exterior está bien documentada. Empresas como Lockheed Martin, Boeing y Raytheon tienen intereses significativos en el mantenimiento y la expansión de los presupuestos militares, lo que puede dar lugar a esfuerzos de cabildeo y decisiones políticas que prioricen sus intereses. De manera similar, empresas tecnológicas como Google, Facebook y Amazon han aprovechado sus capacidades de recopilación de datos para colaborar con agencias gubernamentales, influyendo en políticas relacionadas con la vigilancia y la privacidad.

Crisis económicas : La teoría de que las crisis económicas están diseñadas para consolidar el poder y el control es un principio central de la narrativa del Estado profundo. Sus defensores argumentan que las crisis financieras y la inestabilidad económica no son simplemente el resultado de las fuerzas del mercado, sino que están deliberadamente orquestadas para lograr objetivos específicos. Estos objetivos pueden incluir la consolidación de la riqueza, el debilitamiento de los oponentes políticos y la justificación de una mayor intervención gubernamental.

La Gran Depresión de la década de 1930 y la más reciente crisis financiera de 2008 se citan a menudo como ejemplos de este tipo de crisis planificadas. En ambos casos, la turbulencia económica condujo a cambios significativos en la política gubernamental y a una mayor centralización del poder. La implementación del New Deal durante la Gran Depresión y la aprobación de la Ley Dodd-Frank tras la crisis de 2008 se consideran respuestas que ampliaron el control gubernamental sobre la economía.

Lobby corporativo e influencia : el lobby corporativo es una herramienta poderosa que utilizan las empresas para influir en la legislación y las decisiones políticas. Los lobbistas que representan a diversas industrias trabajan para dar forma a las leyes y regulaciones de manera que beneficien a sus clientes. Esta actividad de lobby a menudo implica importantes contribuciones financieras a las campañas políticas, lo que crea una dependencia de las donaciones corporativas entre los funcionarios electos.

La influencia del lobby corporativo se extiende a los principales comités del Congreso y a las agencias reguladoras, donde se toman decisiones que afectan a industrias enteras. La capacidad de las corporaciones para dar forma a las políticas a través de sus actividades de lobby refuerza la percepción de un Estado profundo, donde entidades poderosas operan tras bambalinas para promover sus intereses. Esta influencia es particularmente evidente en sectores como las finanzas, la atención médica y la energía, donde las decisiones regulatorias pueden tener implicaciones económicas de largo alcance.

Conclusión : La influencia económica es un mecanismo clave a través del cual se cree que el Estado Profundo ejerce control sobre las políticas nacionales y globales. Al manipular los mercados financieros, aprovechar el poder corporativo y generar crisis económicas, el Estado Profundo puede crear condiciones favorables para sus intereses y, al mismo tiempo, mantener el control sobre la economía. Comprender estos métodos es esencial para explorar el concepto más amplio del Estado Profundo y sus implicaciones para la democracia y la gobernanza.

Manipulación política

La manipulación política es una piedra angular de la narrativa del Estado profundo, que sugiere que una red oculta de funcionarios no electos y entidades poderosas ejerce una influencia significativa sobre los procesos y resultados políticos. Esta sección explora las acusaciones de interferencia electoral, influencia en las políticas y el papel de los escándalos políticos en el mantenimiento del control.

Interferencia electoral : Uno de los aspectos más polémicos de la teoría del Estado profundo es la acusación de que esta red oculta manipula los resultados electorales para garantizar que los candidatos que se alinean con sus intereses sean elegidos. Esta interferencia puede adoptar diversas formas, incluida la manipulación de los sistemas de votación, la difusión de desinformación y el apoyo encubierto a determinados candidatos.

Las elecciones presidenciales estadounidenses de 2016 suelen citarse como un claro ejemplo de la presunta interferencia del Estado profundo. Las denuncias de intromisión extranjera, en particular por parte de Rusia, y las investigaciones posteriores sobre estas acusaciones han alimentado las sospechas de una conspiración más amplia que involucra a agencias de inteligencia y otras entidades poderosas. Los defensores de la teoría del Estado profundo argumentan que estas acciones fueron parte de un esfuerzo coordinado para influir en el resultado de las elecciones y socavar el proceso democrático.

Influencia en las políticas : más allá de las elecciones, se cree que el Estado profundo ejerce una influencia significativa sobre las políticas internas y externas. Esta influencia se atribuye a menudo a burócratas de carrera, funcionarios de inteligencia y líderes militares que permanecen en el poder independientemente de los cambios en el liderazgo electo. Se considera que estos individuos son guardianes que pueden dar forma a las decisiones políticas para alinearlas con sus intereses y mantener el statu quo.

Por ejemplo, la continuidad de ciertas políticas exteriores a lo largo de diferentes administraciones se cita a menudo como evidencia de la influencia del Estado Profundo. A pesar de los cambios en el liderazgo, las políticas relacionadas con las intervenciones militares, las operaciones de inteligencia y las alianzas internacionales suelen permanecer constantes. Los críticos argumentan que esta continuidad refleja la capacidad del Estado Profundo para dirigir las decisiones políticas tras bambalinas, asegurando que se cumplan sus objetivos estratégicos.

Escándalos políticos : Los escándalos políticos desempeñan un papel crucial en la narrativa del Estado profundo, ya que sirven como herramientas para desacreditar a los oponentes y mantener el control. Los escándalos pueden utilizarse para socavar la credibilidad de las figuras políticas, distraer al público de otros asuntos y justificar una mayor intervención gubernamental. La exposición de los escándalos a menudo implica filtraciones desde dentro del gobierno, lo que sugiere que los miembros del gobierno están utilizando estas revelaciones para manipular los resultados políticos.

El escándalo Watergate de los años 70 es un ejemplo clásico de cómo los escándalos políticos pueden moldear la percepción pública e influir en la dinámica política. El escándalo, que llevó a la renuncia del presidente Richard Nixon, expuso una amplia gama de actividades ilegales llevadas a cabo por miembros de la administración de Nixon. Las investigaciones posteriores y la cobertura mediática sacaron a la luz el funcionamiento interno de la administración, lo que llevó a muchos a creer que había fuerzas ocultas en juego.

Más recientemente, algunos han calificado el proceso de destitución del presidente Donald Trump y las investigaciones sobre las acciones de su administración como parte de un esfuerzo más amplio del Estado Profundo para socavar su presidencia. Estos acontecimientos han polarizado aún más la opinión pública y han reforzado la creencia de que una red oculta está manipulando los resultados políticos para sus propios fines.

Operaciones encubiertas y campañas de influencia : Las operaciones encubiertas y las campañas de influencia son métodos adicionales a través de los cuales se cree que el Estado Profundo manipula los procesos políticos. Estas operaciones pueden incluir espionaje, sabotaje y guerra psicológica, todas ellas destinadas a dar forma a los resultados políticos y mantener el control. Las agencias de inteligencia como la CIA y la NSA suelen estar implicadas en estas actividades, utilizando sus capacidades para influir en los acontecimientos tanto a nivel nacional como internacional.

Por ejemplo, la participación de la CIA en operaciones encubiertas durante la Guerra Fría, como el derrocamiento de gobiernos extranjeros y el apoyo a insurgencias anticomunistas, se cita a menudo como prueba de la capacidad del Estado Profundo para manipular los resultados políticos. Estas operaciones, llevadas a cabo sin conocimiento público ni supervisión, ponen de relieve el potencial de abuso de poder y la influencia de redes ocultas en la configuración de los acontecimientos mundiales.

Conclusión : La manipulación política es un mecanismo clave a través del cual se cree que el Estado Profundo ejerce control sobre los procesos y resultados políticos. Las acusaciones de interferencia electoral, influencia en las políticas y el uso de escándalos políticos y operaciones encubiertas subrayan el poder percibido de esta red oculta. Comprender estos métodos es esencial para explorar el concepto más amplio del Estado Profundo y sus implicaciones para la democracia y la gobernanza.

Vigilancia y recopilación de datos

Se cree que la vigilancia y la recopilación de datos son mecanismos fundamentales a través de los cuales el Estado Profundo vigila y controla a la población. Esta sección explora el alcance de los programas de vigilancia del gobierno, la recopilación y el uso de datos personales por parte de agencias de inteligencia y corporaciones, y las implicaciones para la privacidad individual y las libertades civiles.

Vigilancia masiva : La vigilancia masiva se refiere al monitoreo extensivo de las actividades y comunicaciones de individuos por parte de agencias gubernamentales. Programas como PRISM de la Agencia de Seguridad Nacional (NSA), revelado por el denunciante Edward Snowden en 2013, han puesto de relieve el amplio alcance de la vigilancia gubernamental. PRISM permitió a la NSA recopilar datos de importantes empresas de tecnología, incluidos correos electrónicos, mensajes de chat y videollamadas, a menudo sin el conocimiento o consentimiento de las personas involucradas.

La justificación de este tipo de vigilancia suele aducirse en torno a la seguridad nacional y la prevención del terrorismo. Sin embargo, los críticos sostienen que estos programas suelen funcionar con una supervisión y una rendición de cuentas mínimas, lo que plantea preocupaciones sobre la posibilidad de que se produzcan abusos de poder. La capacidad de vigilar las comunicaciones a una escala tan grande otorga a las agencias de inteligencia un control significativo sobre la información, lo que contribuye a la percepción de un Estado profundo que vigila e influye en la población desde las sombras.

Recopilación de datos : más allá de la vigilancia gubernamental, la recopilación y el uso de datos personales por parte de las corporaciones también desempeñan un papel crucial en la narrativa del Estado profundo. Las empresas de tecnología como Google, Facebook y Amazon recopilan grandes cantidades de datos sobre sus usuarios, incluidos historiales de búsqueda, interacciones en redes sociales y comportamiento de compra. Estos datos se utilizan a menudo para publicidad dirigida y estudios de mercado, pero las agencias gubernamentales también pueden acceder a ellos con fines de vigilancia.

La colaboración entre empresas tecnológicas y agencias gubernamentales ha suscitado importantes preocupaciones en materia de privacidad. Programas como PRISM y las revelaciones más recientes sobre el intercambio de datos entre empresas tecnológicas y agencias de aplicación de la ley ilustran cómo los datos personales pueden utilizarse para la vigilancia. La falta de transparencia en torno a estas prácticas dificulta que las personas comprendan en qué medida se recopilan y utilizan sus datos.

Preocupaciones sobre la privacidad : Las implicaciones de la vigilancia masiva y la recopilación de datos para la privacidad individual y las libertades civiles son profundas. La capacidad de las agencias gubernamentales y las corporaciones para monitorear y analizar información personal plantea interrogantes sobre el derecho a la privacidad y el potencial uso indebido de los datos. Los críticos sostienen que estas prácticas erosionan la confianza en las instituciones y crean un efecto paralizante sobre la libertad de expresión.

Una de las principales preocupaciones es la posibilidad de que la vigilancia se utilice con fines políticos. El seguimiento de activistas políticos, periodistas y voces disidentes puede sofocar la oposición y limitar la participación democrática. Algunos ejemplos históricos, como el programa COINTELPRO del FBI, dirigido contra líderes de derechos civiles y activistas contra la guerra, demuestran cómo se puede utilizar la vigilancia para reprimir la disidencia política.

Avances tecnológicos : Los avances tecnológicos han ampliado aún más las capacidades de vigilancia y recopilación de datos. El auge de la inteligencia artificial (IA) y el aprendizaje automático han permitido un análisis más sofisticado de grandes conjuntos de datos, lo que permite una vigilancia predictiva y la identificación de amenazas potenciales. Si bien estas tecnologías pueden mejorar la seguridad, también plantean inquietudes sobre el sesgo, la discriminación y el potencial de abuso.

El uso de la tecnología de reconocimiento facial, por ejemplo, ha suscitado un importante debate. Si bien puede utilizarse para identificar a los delincuentes y mejorar la seguridad, también plantea riesgos para la privacidad y las libertades civiles. La posibilidad de que se produzcan errores de identificación y la falta de regulación en torno a su uso han dado lugar a peticiones de mayor supervisión y rendición de cuentas. El despliegue de estas tecnologías tanto por parte de organismos gubernamentales como de empresas privadas contribuye a la percepción de un Estado de vigilancia que vigila y controla a la población.

Conclusión : La vigilancia y la recopilación de datos son mecanismos clave a través de los cuales se cree que el Estado Profundo monitorea y controla a la población. Las amplias capacidades de los programas de vigilancia del gobierno, la colaboración entre las empresas de tecnología y las agencias de inteligencia y las implicaciones para la privacidad y las libertades civiles subrayan el poder percibido de esta red oculta. Comprender estos métodos es esencial para explorar el concepto más amplio del Estado Profundo y sus implicaciones para la democracia y la gobernanza.

Operaciones encubiertas y guerra psicológica

Las operaciones encubiertas y la guerra psicológica son mecanismos fundamentales a través de los cuales se cree que el Estado Profundo ejerce control e influencia sobre los acontecimientos nacionales y globales. Esta sección explora el uso de acciones encubiertas, operaciones psicológicas (PsyOps) y proporciona estudios de casos que ilustran estos métodos de control.

Acciones encubiertas : Las acciones encubiertas se refieren a operaciones secretas llevadas a cabo por agencias gubernamentales, a menudo sin conocimiento público ni supervisión. Estas acciones pueden incluir espionaje, sabotaje, asesinatos y apoyo a grupos insurgentes. Las agencias de inteligencia como la CIA y la NSA suelen estar implicadas en estas actividades, utilizando sus capacidades para influir en los resultados políticos y mantener el control.

Uno de los ejemplos más conocidos de acción encubierta es la participación de la CIA en el golpe de Estado de 1953 en Irán, que derrocó al primer ministro Mohammad Mossadegh y reinstauró al Sha. Esta operación, conocida como Operación Ajax, se llevó a cabo en colaboración con la agencia de inteligencia británica MI6 y tenía como objetivo proteger los intereses petroleros occidentales en Irán. El éxito de esta acción encubierta demostró la capacidad de la CIA para manipular los acontecimientos políticos en países extranjeros, lo que reforzó la percepción de una red oculta que ejercía el control entre bastidores.

Otro ejemplo significativo es la invasión de Bahía de Cochinos en 1961, cuando la CIA intentó derrocar al gobierno cubano encabezado por Fidel Castro. La operación implicó entrenar y armar a exiliados cubanos para lanzar una invasión, pero finalmente fracasó, lo que provocó una gran vergüenza para el gobierno estadounidense. A pesar de su fracaso, la invasión de Bahía de Cochinos puso de relieve hasta qué punto estaba dispuesta a llegar la CIA para lograr sus objetivos, lo que alimentó aún más las sospechas de operaciones encubiertas y agendas ocultas.

Operaciones psicológicas (PsyOps) : Las operaciones psicológicas, o PsyOps , implican el uso de tácticas psicológicas para influir en la percepción y el comportamiento del público. Estas operaciones pueden incluir propaganda, desinformación y manipulación psicológica destinadas a lograr objetivos estratégicos. El objetivo de las PsyOps es moldear las actitudes y creencias de las audiencias objetivo, a menudo creando confusión, miedo o desconfianza.

Durante la Guerra Fría, tanto Estados Unidos como la Unión Soviética se involucraron en extensas operaciones psicológicas para influir en la opinión pública y socavar la influencia mutua. El gobierno estadounidense utilizó diversas formas de medios de comunicación, incluidas transmisiones de radio, folletos y películas, para promover el sentimiento anticomunista y el apoyo a las políticas estadounidenses. Un ejemplo notable es Radio Free Europe, que transmitió noticias y propaganda a los países del bloque del Este para contrarrestar la influencia soviética.

En tiempos más recientes, el uso de las redes sociales y las plataformas digitales ha ampliado el alcance y la eficacia de las operaciones psicológicas . Los gobiernos y los actores políticos de todo el mundo utilizan estas plataformas para difundir desinformación, manipular la opinión pública e influir en los resultados electorales. El auge de la tecnología deepfake, que permite la creación de vídeos realistas pero falsos, ha complicado aún más el panorama de la guerra psicológica, haciendo que sea más difícil discernir la verdad de la ficción.

Estudios de caso : Varios estudios de caso ilustran el uso de operaciones encubiertas y operaciones psicológicas por parte del Estado profundo. Uno de esos casos es la Operación Gladio, una iniciativa clandestina de la OTAN durante la Guerra Fría destinada a contrarrestar la influencia comunista en Europa. La operación implicó el establecimiento de ejércitos secretos de "remanencia" en varios países europeos, que estaban preparados para participar en una guerra de guerrillas en caso de una invasión soviética. Estos ejércitos secretos también estuvieron implicados en operaciones de falsa bandera y actos de terrorismo diseñados para desacreditar a los movimientos de izquierda y crear un clima de miedo.

Otro caso de estudio es el uso de campañas de desinformación durante las elecciones presidenciales estadounidenses de 2016. Agentes rusos, supuestamente con el apoyo del gobierno ruso, utilizaron plataformas de redes sociales para difundir información falsa y sembrar discordia entre el electorado estadounidense. Estas acciones incluyeron la creación de cuentas falsas, la difusión de contenido divisivo y el hackeo de organizaciones políticas. El impacto de estas campañas de desinformación en el resultado electoral sigue siendo un tema de debate, pero ponen de relieve el potencial de las operaciones psicológicas para influir en los procesos democráticos.

Conclusión : Las operaciones encubiertas y la guerra psicológica son mecanismos clave a través de los cuales se cree que el Estado Profundo ejerce control e influencia. El uso de acciones secretas, tácticas psicológicas y campañas de desinformación subraya el poder percibido de esta red oculta. Comprender estos métodos es esencial para explorar el concepto más amplio del Estado Profundo y sus implicaciones para la democracia y la gobernanza.

Capítulo 4: Estudios de casos

El asesinato de JFK

El asesinato del presidente John F. Kennedy, el 22 de noviembre de 1963, sigue siendo uno de los acontecimientos más significativos y controvertidos de la historia de Estados Unidos. Las circunstancias que rodearon su muerte han dado lugar a numerosas teorías conspirativas, muchas de las cuales sugieren la participación de una red oculta de entidades poderosas, a menudo denominada el Estado profundo.

Antecedentes : Ese fatídico día, el presidente Kennedy viajaba en una caravana por la plaza Dealey en Dallas, Texas, cuando recibió un disparo mortal. La versión oficial, determinada por la Comisión Warren, concluyó que Lee Harvey Oswald actuó solo al asesinar al presidente. Sin embargo, esta conclusión ha sido recibida con escepticismo y ha alimentado una miríada de teorías alternativas.

Comisión Warren : La Comisión Warren, creada por el presidente Lyndon B. Johnson, fue la encargada de investigar el asesinato. Tras meses de audiencias y testimonios, la Comisión publicó su informe en 1964, en el que llegó a la conclusión de que Oswald era el único pistolero y que no había pruebas de una conspiración. A pesar de la minuciosidad de la investigación, muchos estadounidenses consideraron que los hallazgos no eran convincentes, lo que dio lugar a una especulación generalizada sobre la verdadera naturaleza de los hechos.

Teorías de la conspiración : a lo largo de los años han surgido diversas teorías de la conspiración, cada una de las cuales propone diferentes actores y motivos detrás del asesinato. Algunas de las teorías más destacadas incluyen:

- **Participación de la CIA** : una teoría postula que la CIA orquestó el asesinato debido a la aparente falta de apoyo de Kennedy a las operaciones encubiertas y a su intención de reducir el poder de la agencia. Los defensores de esta teoría señalan las supuestas conexiones de Oswald con la CIA y el historial de acciones encubiertas de la agencia.
- **Conexión con la mafia** : Otra teoría sugiere que la mafia estuvo involucrada en el asesinato como represalia por la campaña de la administración Kennedy contra el crimen organizado. Esta teoría está respaldada por afirmaciones de que Jack Ruby, quien mató a Oswald dos días después del asesinato, tenía vínculos con la mafia.
- **Complejo militar-industrial** : algunos creen que elementos del complejo militar-industrial estuvieron detrás del asesinato, motivados por los planes de Kennedy de reducir la escalada de la guerra de Vietnam. Esta teoría coincide con la advertencia del presidente Dwight D. Eisenhower sobre la creciente influencia del complejo militar-industrial.
- **Varios pistoleros** : la teoría de que varios pistoleros estuvieron involucrados, a menudo denominada la teoría del "montículo de hierba", sugiere que Oswald no actuó solo. Los testigos informaron haber oído disparos desde diferentes direcciones y algunos análisis forenses han puesto en duda la trayectoria de las balas.

Impacto en la confianza pública : El asesinato de JFK y las teorías conspirativas posteriores han tenido un profundo impacto en la confianza pública en el gobierno. Las discrepancias y las preguntas sin respuesta en torno al evento han llevado a muchos a creer que se ha encubierto la verdadera historia. Esta erosión de la confianza ha contribuido a la narrativa más amplia del Estado Profundo, donde se percibe una red oculta que manipula los eventos y controla la información.

El asesinato de JFK es un caso de estudio fundamental para comprender la teoría del Estado profundo. Pone de relieve cómo los acontecimientos importantes pueden estar rodeados de misterio y controversia, lo que genera especulación y desconfianza generalizadas. La fascinación duradera por el asesinato de Kennedy subraya el deseo del público de transparencia y rendición de cuentas, y la creencia de que pueden estar operando fuerzas poderosas tras bastidores.

En resumen, el asesinato del presidente John F. Kennedy sigue siendo un acontecimiento clave en la narrativa del Estado profundo. Las diversas teorías conspirativas, las conclusiones de la Comisión Warren y el impacto en la confianza pública ilustran las complejidades y las preguntas persistentes en torno a este trágico acontecimiento. Comprender el asesinato de JFK es esencial para explorar el concepto más amplio del Estado profundo y sus implicaciones para la democracia y la gobernanza.

Escándalo Watergate

El escándalo de Watergate es uno de los escándalos políticos más importantes de la historia de Estados Unidos, que llevó a la renuncia del presidente Richard Nixon y afectó profundamente la confianza pública en el gobierno. Este estudio de caso explora los eventos del escándalo, el papel de los medios de comunicación, las acusaciones de participación del Estado profundo y su legado duradero .

Descripción general : El escándalo de Watergate comenzó en las primeras horas del 17 de junio de 1972, cuando cinco hombres fueron arrestados por irrumpir en la sede del Comité Nacional Demócrata (DNC) en el complejo de oficinas Watergate en Washington, DC. Los ladrones fueron sorprendidos intentando pinchar teléfonos y robar documentos. Al principio, el robo parecía un incidente menor, pero pronto se convirtió en un gran escándalo político.

Las investigaciones revelaron que el allanamiento formaba parte de una campaña más amplia de espionaje político y sabotaje llevada a cabo por miembros de la administración de Nixon. El escándalo expuso una serie de actividades ilegales, entre ellas el uso de fondos de campaña para operaciones encubiertas, intentos de encubrir el allanamiento y el abuso del poder presidencial para obstruir la justicia.

La dimisión de Nixon : A medida que avanzaba la investigación, se hizo evidente que funcionarios de alto rango de la administración de Nixon estaban involucrados en el encubrimiento. Los medios de comunicación desempeñaron un papel crucial en el descubrimiento de la verdad, con los periodistas Bob Woodward y Carl Bernstein del Washington Post a la cabeza. Su información, basada en información de una fuente confidencial conocida como "Garganta Profunda", ayudó a exponer el alcance de la participación de la administración.

El escándalo alcanzó su clímax cuando se reveló que el presidente Nixon había grabado en secreto conversaciones en el Despacho Oval. Estas cintas proporcionaron pruebas concretas de su participación en el encubrimiento. Ante la posibilidad de un impeachment, Nixon dimitió el 8 de agosto de 1974, convirtiéndose en el primer presidente de Estados Unidos en hacerlo. Su dimisión marcó un punto de inflexión en la política estadounidense y puso de relieve la importancia de la rendición de cuentas y la transparencia en el gobierno.

Acusaciones del Estado Profundo : El escándalo de Watergate ha sido citado por algunos como evidencia de las actividades del Estado Profundo. Los defensores de esta teoría argumentan que el escándalo fue orquestado o explotado por elementos dentro del gobierno para sacar a Nixon del poder. Señalan el papel del FBI y otras agencias de inteligencia en la investigación, sugiriendo que estas entidades tenían sus propios motivos para derrocar al presidente.

Una de las figuras clave de esta narrativa es Mark Felt, el director asociado del FBI que luego se reveló como "Garganta Profunda". La decisión de Felt de filtrar información a la prensa ha sido interpretada por algunos como un acto de resistencia interna contra los intentos de Nixon de controlar el FBI. Esta perspectiva sugiere que el Estado Profundo utilizó el escándalo como una oportunidad para reafirmar su influencia y mantener su autonomía.

Legado : El escándalo de Watergate tuvo un impacto duradero en la política estadounidense y en la percepción pública de la transparencia gubernamental. Condujo a importantes reformas destinadas a aumentar la rendición de cuentas y reducir el potencial de abuso de poder. Estas reformas incluyeron la creación de la Oficina de Ética Gubernamental, la aprobación de la Ley de Ética en el Gobierno y el fortalecimiento de la Ley de Libertad de Información.

El escándalo también tuvo un profundo efecto en el papel de los medios de comunicación en la política. Subrayó la importancia del periodismo de investigación para exigir responsabilidades a los funcionarios gubernamentales y proteger las instituciones democráticas. El legado de Watergate sigue influyendo en la forma en que los medios abordan los escándalos políticos y en las expectativas del público respecto de la transparencia gubernamental.

En resumen, el escándalo Watergate es un caso de estudio fundamental en la narrativa del Estado profundo. Los acontecimientos del escándalo, el papel de los medios de comunicación y las reformas posteriores ponen de relieve las complejidades del poder gubernamental y la importancia de la rendición de cuentas. Comprender el escándalo Watergate es esencial para explorar el concepto más amplio del Estado profundo y sus implicaciones para la democracia y la gobernanza.

El caso Irán-Contra

El caso Irán-Contra es uno de los escándalos políticos más controvertidos de la historia de Estados Unidos, que revela una compleja red de operaciones encubiertas, actividades ilegales e intentos de eludir la supervisión del Congreso. Este estudio de caso explora los antecedentes del caso, la participación de la administración Reagan, los esfuerzos por encubrir el escándalo y sus implicaciones para la rendición de cuentas del gobierno y la narrativa del Estado profundo.

Antecedentes : El caso Irán-Contra comenzó a mediados de los años 1980 durante la administración Reagan. Involucró dos operaciones encubiertas separadas pero interconectadas: la venta de armas a Irán, que estaba sujeto a un embargo de armas, y el desvío de los ingresos de estas ventas para financiar a los rebeldes de la Contra en Nicaragua. La Contra luchaba por derrocar al gobierno sandinista, que era percibido como una amenaza comunista en el contexto de la Guerra Fría.

La operación tenía múltiples objetivos: conseguir la liberación de rehenes estadounidenses retenidos por Hezbolá en el Líbano (que tenía vínculos con Irán) y apoyar a los Contras a pesar de que el Congreso prohibía la ayuda militar estadounidense al grupo. El asunto salió a la luz en noviembre de 1986, cuando un periódico libanés informó sobre las ventas de armas, lo que dio lugar a una serie de investigaciones y revelaciones públicas.

Administración Reagan : altos funcionarios de la administración Reagan estuvieron profundamente involucrados en las operaciones Irán-Contra. Entre las figuras clave se encontraban el asesor de seguridad nacional John Poindexter, su adjunto Oliver North y el director de la CIA William Casey. El propio presidente Ronald Reagan estuvo implicado, aunque el grado de su conocimiento y participación sigue siendo tema de debate.

Las acciones del gobierno estuvieron motivadas por una combinación de compromiso ideológico con la lucha contra el comunismo y la voluntad de eludir las restricciones legales y constitucionales. La Enmienda Boland, aprobada por el Congreso a principios de los años 1980, prohibía explícitamente que Estados Unidos siguiera prestando asistencia militar a los Contras. La decisión del gobierno de eludir esta prohibición utilizando fondos procedentes de las ventas de armas a Irán fue una clara violación de la ley.

Encubrimiento y revelación : Los intentos de encubrir el caso Irán-Contra comenzaron casi inmediatamente después de que se revelaran las operaciones. Se destruyeron documentos y los funcionarios implicados en el escándalo proporcionaron testimonios engañosos o falsos a los investigadores. A pesar de estos esfuerzos, el asunto finalmente salió a la luz mediante una combinación de periodismo de investigación, audiencias en el Congreso y el trabajo de un fiscal independiente.

La Comisión de la Torre, designada por el presidente Reagan, llevó a cabo una investigación inicial y criticó a la administración por su falta de supervisión y rendición de cuentas. A esto le siguieron las audiencias sobre el caso Irán-Contra, una serie de audiencias televisadas en el Congreso que cautivaron a la nación. Las audiencias revelaron el alcance de la participación de la administración y los esfuerzos por encubrir el escándalo.

El fiscal independiente Lawrence Walsh fue designado para investigar el asunto más a fondo. Su investigación condujo a la acusación de varios altos funcionarios, entre ellos Poindexter y North. Si bien se lograron algunas condenas, muchas fueron revocadas posteriormente en apelación, y el presidente George H. W. Bush indultó a varias personas involucradas en el escándalo durante sus últimos días en el cargo.

Implicaciones : El escándalo Irán-Contra tuvo implicaciones significativas para la percepción de la rendición de cuentas del gobierno y la narrativa del Estado profundo. El escándalo expuso la disposición de altos funcionarios a participar en actividades ilegales y engañar tanto al Congreso como al público. Puso de relieve el potencial de abuso de poder dentro del poder ejecutivo y los desafíos para garantizar una supervisión eficaz.

El asunto también reforzó la creencia de que una red oculta de entidades poderosas opera tras bastidores, manipulando los acontecimientos y eludiendo los procesos democráticos. La participación de la CIA y el uso de operaciones encubiertas para lograr objetivos políticos encajan perfectamente en la narrativa del Estado Profundo, lo que sugiere que funcionarios no electos y agencias de inteligencia ejercen una influencia significativa sobre la política nacional.

En resumen, el caso Irán-Contra es un estudio de caso fundamental en la narrativa del Estado profundo. Los antecedentes del escándalo, la participación de la administración Reagan, los esfuerzos por encubrirlo y las implicaciones para la rendición de cuentas del gobierno ilustran las complejidades del poder y el potencial de abuso dentro del gobierno. Comprender el caso Irán-Contra es esencial para explorar el concepto más amplio del Estado profundo y su impacto en la democracia y la gobernanza.

El 11 de septiembre y la guerra contra el terrorismo

Los ataques terroristas del 11 de septiembre de 2001 marcaron un punto de inflexión en la historia moderna y provocaron cambios profundos en la política interior y exterior de Estados Unidos. Este estudio de caso explora los acontecimientos del 11 de septiembre, la respuesta del gobierno, el surgimiento de teorías conspirativas y el impacto en las libertades civiles y la narrativa del Estado profundo.

Acontecimientos del 11 de septiembre : En la mañana del 11 de septiembre de 2001, 19 terroristas asociados con el grupo extremista Al Qaeda secuestraron cuatro aviones comerciales. Dos de los aviones se estrellaron contra las torres gemelas del World Trade Center en la ciudad de Nueva York, lo que provocó el derrumbe de las torres. Un tercer avión se estrelló contra el Pentágono en Arlington, Virginia, mientras que el cuarto avión, el vuelo 93 de United Airlines, se estrelló en un campo en Pensilvania después de que los pasajeros intentaran dominar a los secuestradores. Los ataques provocaron casi 3.000 muertes y una destrucción significativa, dejando un impacto duradero en los Estados Unidos y el mundo.

Respuesta del gobierno : Tras los ataques, el gobierno de Estados Unidos lanzó una respuesta integral destinada a prevenir futuros incidentes terroristas. El presidente George W. Bush declaró una "guerra contra el terrorismo", que incluyó intervenciones militares en Afganistán e Irak, la creación del Departamento de Seguridad Nacional y la implementación de la Ley Patriota de los Estados Unidos. Estas medidas fueron diseñadas para mejorar la seguridad nacional, pero también suscitaron inquietudes sobre las libertades civiles y la extralimitación del gobierno.

La invasión de Afganistán en octubre de 2001 tenía como objetivo desmantelar Al Qaeda y expulsar a los talibanes del poder. A esto le siguió la invasión de Irak en 2003, justificada por afirmaciones de que el dictador iraquí Saddam Hussein poseía armas de destrucción masiva y tenía vínculos con grupos terroristas. Ambos conflictos tuvieron consecuencias de largo alcance, incluidos enfrentamientos militares prolongados, pérdidas significativas de vidas e inestabilidad regional.

Teorías conspirativas : La naturaleza sin precedentes de los ataques del 11 de septiembre y las acciones gubernamentales posteriores dieron lugar a numerosas teorías conspirativas. Algunas de estas teorías sugieren que elementos dentro del gobierno de los EE. UU. tenían conocimiento previo de los ataques o estuvieron directamente involucrados en orquestarlos. Los defensores de estas teorías argumentan que los ataques se utilizaron como pretexto para justificar un mayor gasto militar, una mayor vigilancia y la erosión de las libertades civiles.

Una de las teorías conspirativas más destacadas es la del "trabajo interno", que sostiene que el gobierno de Estados Unidos permitió que se produjeran los atentados o participó activamente en ellos para promover una agenda oculta. Esta teoría está respaldada por varias afirmaciones, incluida la supuesta demolición controlada de los edificios del World Trade Center y el sospechoso derrumbe del World Trade Center 7, que no fue alcanzado directamente por los aviones. A pesar de las extensas investigaciones y los informes oficiales que desacreditan estas afirmaciones, las teorías persisten y contribuyen a la narrativa del Estado profundo.

Impacto en las libertades civiles : La respuesta del gobierno al 11 de septiembre tuvo implicaciones significativas para las libertades civiles y la privacidad. La Ley Patriota de los Estados Unidos, aprobada en octubre de 2001, amplió las capacidades de vigilancia del gobierno, permitiendo el monitoreo de llamadas telefónicas, correos electrónicos y transacciones financieras sin orden judicial. Si bien estas medidas tenían como objetivo mejorar la seguridad nacional, también suscitaron inquietudes sobre la posibilidad de abusos y la violación de los derechos individuales.

La creación del Departamento de Seguridad Nacional y la aplicación de diversas medidas de seguridad, como los controles en los aeropuertos y el uso de listas de personas a las que se prohíbe viajar en avión, pusieron de relieve aún más la tensión entre la seguridad y las libertades civiles. Las prácticas de detención e interrogatorio en la bahía de Guantánamo y otras instalaciones, incluido el uso de la tortura, provocaron críticas generalizadas y recursos legales. Estas acciones contribuyeron a la percepción de un Estado profundo que opera con una autonomía y un poder significativos, a menudo a expensas de la transparencia y la rendición de cuentas.

Conclusión : Los acontecimientos del 11 de septiembre y la posterior guerra contra el terrorismo son fundamentales para comprender la narrativa del Estado profundo. La respuesta del gobierno, el surgimiento de teorías conspirativas y el impacto en las libertades civiles ilustran las complejidades de equilibrar la seguridad y los derechos individuales. La percepción de una red oculta que manipula los acontecimientos y erosiona los principios democráticos subraya la importancia de la transparencia y la rendición de cuentas en la gobernanza.

Edward Snowden y la vigilancia masiva

Las revelaciones de Edward Snowden en 2013 sobre el alcance de la vigilancia masiva llevada a cabo por la Agencia de Seguridad Nacional (NSA) y otras agencias de inteligencia marcaron un momento significativo en la historia de la transparencia gubernamental y las libertades civiles. Este estudio de caso explora las revelaciones de Snowden, los detalles de los programas de vigilancia, la respuesta del gobierno y los efectos a largo plazo sobre la privacidad y la narrativa del Estado profundo.

Antecedentes : Edward Snowden, un ex contratista de la NSA, filtró una gran cantidad de documentos clasificados a los periodistas Glenn Greenwald, Laura Poitras y Ewen MacAskill. Estos documentos revelaron la existencia de amplios programas de vigilancia que recogían datos sobre millones de personas en todo el mundo, a menudo sin su conocimiento o consentimiento. La decisión de

Snowden de exponer estos programas estuvo motivada por su creencia de que el público tenía derecho a saber sobre las acciones del gobierno y los posibles abusos de poder.

PRISM y otros programas : Uno de los programas más importantes expuestos por Snowden fue PRISM, que permitía a la NSA recopilar datos directamente de los servidores de las principales empresas tecnológicas, entre ellas Google, Facebook, Microsoft y Apple. Estos datos incluían correos electrónicos, mensajes de chat, vídeos y otras formas de comunicación. El programa funcionaba al amparo de la Ley de Vigilancia de Inteligencia Extranjera (FISA), que permitía la recopilación de información de inteligencia extranjera, pero también recopilaba grandes cantidades de datos de ciudadanos estadounidenses.

Además de PRISM, los documentos de Snowden revelaron otros programas de vigilancia, como XKeyscore, que permitía a los analistas buscar en vastas bases de datos de correos electrónicos, chats en línea e historiales de navegación sin autorización previa. Los documentos también detallaban los esfuerzos de la NSA por socavar los estándares de cifrado y colaborar con agencias de inteligencia extranjeras para ampliar sus capacidades de vigilancia.

Reacción del gobierno y del público : La respuesta del gobierno a las revelaciones de Snowden fue rápida y severa. El Departamento de Justicia de Estados Unidos acusó a Snowden de robo de propiedad gubernamental y de violaciones de la Ley de Espionaje. Ante la posibilidad de ser encarcelado, Snowden huyó a Hong Kong y más tarde recibió asilo en Rusia, donde permanece hasta el día de hoy.

La reacción pública a las revelaciones de Snowden fue mixta. Mientras algunos lo vieron como un traidor que ponía en peligro la seguridad nacional, otros lo vieron como un denunciante que expuso graves abusos de poder. Las revelaciones provocaron un debate global sobre la privacidad, la vigilancia y el equilibrio entre la seguridad y las libertades civiles. Muchas personas se sorprendieron por el alcance de las actividades de vigilancia del gobierno y la falta de transparencia y supervisión.

Efectos a largo plazo : Las revelaciones de Snowden tuvieron importantes efectos a largo plazo sobre la privacidad, la transparencia gubernamental y la narrativa del Estado profundo. En respuesta a la protesta pública, el gobierno de Estados Unidos implementó varias reformas destinadas a aumentar la supervisión y la rendición de cuentas. La Ley USA FREEDOM, aprobada en 2015, puso fin a la recopilación masiva de metadatos telefónicos e introdujo nuevas medidas de transparencia para las actividades de vigilancia.

A pesar de estas reformas, persisten las preocupaciones sobre la vigilancia masiva y la extralimitación del gobierno. Las revelaciones pusieron de relieve el potencial de abuso de poder por parte de las agencias de inteligencia y reforzaron la percepción de un Estado profundo que opera con una autonomía e influencia significativas. La colaboración entre las empresas tecnológicas y las agencias gubernamentales también planteó interrogantes sobre el papel de las empresas privadas en la vigilancia y la protección de la privacidad individual.

Las revelaciones de Snowden han tenido un impacto duradero en la comprensión que tiene el público de la vigilancia y de la importancia de proteger las libertades civiles. Han inspirado a una nueva generación de activistas y tecnólogos a abogar por una mayor protección de la privacidad y una mayor transparencia en las operaciones gubernamentales. El debate sobre el equilibrio entre seguridad y privacidad sigue dando forma a los debates sobre políticas y a la opinión pública.

Conclusión : El caso de Edward Snowden y la vigilancia masiva es un momento crucial en la narrativa del Estado profundo. Las revelaciones de Snowden sobre el alcance de los programas de vigilancia del gobierno, los detalles de PRISM y otras iniciativas, la respuesta del gobierno y los efectos a largo plazo sobre la privacidad y la transparencia ilustran las complejidades del poder y el potencial de abuso dentro de la comunidad de inteligencia. Comprender las revelaciones de Snowden es esencial para explorar el concepto más amplio del Estado profundo y sus implicaciones para la democracia y la gobernanza.

5

Capítulo 5: El alcance global

Influencia internacional

El concepto de Estado profundo se extiende más allá de las fronteras nacionales y sugiere una red oculta de entidades poderosas que influyen en las políticas y decisiones globales. Esta sección explora los roles de las organizaciones internacionales, las redes transnacionales y su supuesta influencia en la formulación de políticas globales.

Organizaciones globales : Las organizaciones internacionales como las Naciones Unidas (ONU), el Fondo Monetario Internacional (FMI) y el Banco Mundial suelen estar implicadas en la narrativa del Estado profundo. Estas organizaciones son vistas como instrumentos a través de los cuales las élites poderosas ejercen control sobre los asuntos globales. La ONU, establecida en 1945, tiene como objetivo promover la paz, la seguridad y la cooperación entre las naciones. Sin embargo, los críticos argumentan que sus procesos de toma de decisiones están dominados por unos pocos países poderosos, en particular los miembros permanentes del Consejo de Seguridad (Estados Unidos, el Reino Unido, Francia, Rusia y China).

El FMI y el Banco Mundial, ambos creados tras la Segunda Guerra Mundial, tienen la misión de promover la estabilidad económica y el desarrollo mundiales. Estas instituciones proporcionan asistencia financiera y asesoramiento en materia de políticas a los países necesitados, pero sus programas suelen ir acompañados de condiciones estrictas que, según sostienen los críticos, favorecen los intereses de las naciones ricas y las corporaciones multinacionales. Los programas de ajuste estructural impuestos por el FMI, por ejemplo, han sido criticados por priorizar la liberalización del mercado y las medidas de austeridad que pueden conducir a penurias sociales y económicas en los países receptores.

Redes transnacionales : Más allá de las organizaciones internacionales formales, las redes y alianzas transnacionales también son consideradas actores clave en la narrativa del Estado profundo. Grupos como el Grupo Bilderberg, la Comisión Trilateral y el Consejo de Relaciones Exteriores se citan a menudo como ejemplos de reuniones de élite donde supuestamente se formulan políticas globales a puertas cerradas.

El Grupo Bilderberg, fundado en 1954, es una conferencia anual a la que asisten líderes políticos, ejecutivos de empresas y académicos de América del Norte y Europa. Las reuniones se celebran en privado y la falta de transparencia ha alimentado las especulaciones sobre la influencia del grupo en los asuntos mundiales. De manera similar, la Comisión Trilateral, creada en 1973 por David Rockefeller, reúne a líderes de América del Norte, Europa y Asia para debatir y coordinar políticas sobre cuestiones económicas y políticas.

global es un tema central en la narrativa del Estado profundo. Sus defensores sostienen que las decisiones que se toman en estos foros a menudo priorizan los intereses de las élites poderosas por sobre los de la población en general. Por ejemplo, se considera que los acuerdos comerciales negociados a través de la Organización Mundial del Comercio (OMC) benefician a las corporaciones multinacionales a expensas de los derechos de los trabajadores y las protecciones ambientales.

La coordinación de políticas económicas a través de instituciones como el FMI y el Banco Mundial también es vista con sospecha. Los críticos sostienen que estas instituciones imponen políticas económicas neoliberales que favorecen la desregulación, la privatización y el libre comercio, a menudo en detrimento de los programas de bienestar social y los servicios públicos. La influencia de estas políticas se puede ver en la adopción generalizada de medidas de austeridad en respuesta a las crisis económicas, que han provocado protestas y malestar social en muchos países.

Estudios de casos : Varios estudios de casos ilustran la supuesta influencia de las organizaciones internacionales y las redes transnacionales en la política global. La crisis de la deuda europea, que comenzó en 2009, llevó a países como Grecia, España y Portugal a implementar severas medidas de austeridad como condición para recibir asistencia financiera del FMI y el Banco Central Europeo. Estas medidas llevaron a importantes dificultades sociales y económicas, alimentando las críticas sobre el papel de las instituciones en la formulación de políticas nacionales.

Otro ejemplo es el Acuerdo Transpacífico (TPP), un acuerdo comercial negociado en secreto por 12 países de la Cuenca del Pacífico. Los críticos argumentaron que el acuerdo favorecía los intereses corporativos y carecía de protecciones adecuadas para los derechos laborales y el medio ambiente. El secretismo que rodeó las negociaciones y la influencia de los grupos de presión corporativos reforzaron la percepción de una red oculta que configuraba las políticas comerciales globales.

Conclusión : El papel de las organizaciones internacionales y las redes transnacionales en la narrativa del Estado profundo pone de relieve la influencia percibida de las élites poderosas en las políticas y decisiones globales. La falta de transparencia y rendición de cuentas en estas instituciones alimenta las sospechas de que existe una red oculta que manipula los acontecimientos tras bastidores. Comprender la influencia de estas entidades es esencial para explorar el concepto más amplio del Estado profundo y sus implicaciones para la gobernanza global.

Gobiernos extranjeros y agencias de inteligencia

La colaboración entre las agencias de inteligencia estadounidenses y sus homólogas extranjeras es un aspecto importante de la narrativa del Estado profundo. Esta sección explora los esfuerzos de colaboración, las operaciones conjuntas y la influencia que estas relaciones tienen en las políticas exteriores y los acontecimientos mundiales.

Esfuerzos de colaboración : Las agencias de inteligencia estadounidenses, como la CIA y la NSA, colaboran frecuentemente con servicios de inteligencia extranjeros para reunir información, realizar operaciones y abordar cuestiones de seguridad mutua. Estas colaboraciones suelen formalizarse mediante alianzas y acuerdos, como la alianza "Five Eyes", que incluye a Estados Unidos, el Reino Unido, Canadá, Australia y Nueva Zelanda. Esta alianza facilita el intercambio de inteligencia y la coordinación de actividades de vigilancia entre los países miembros.

La colaboración se extiende más allá de la alianza Five Eyes e incluye a otros socios clave, como el MI6 (el servicio secreto de inteligencia del Reino Unido), el Mossad (la agencia de inteligencia nacional de Israel) y el FSB (el servicio federal de seguridad de Rusia). Estas relaciones se basan en intereses mutuos y en la necesidad de abordar amenazas comunes, como el terrorismo, los ciberataques y la proliferación de armas de destrucción masiva.

Operaciones conjuntas : Las operaciones de inteligencia conjuntas son un componente fundamental de estos esfuerzos de colaboración. Estas operaciones a menudo implican el intercambio de recursos, conocimientos especializados e inteligencia para alcanzar objetivos estratégicos. Por ejemplo, la CIA y el MI6 tienen una larga historia de trabajo conjunto en operaciones encubiertas, incluido el golpe de Estado de 1953 en Irán (Operación Ajax) y el apoyo a las fuerzas antisoviéticas en Afganistán durante la década de 1980.

Más recientemente, las operaciones conjuntas se han centrado en la lucha contra el terrorismo. La colaboración entre los servicios de inteligencia estadounidenses e israelíes, por ejemplo, ha sido fundamental para rastrear y neutralizar las amenazas terroristas en Oriente Medio. El uso de tecnologías avanzadas de vigilancia e inteligencia humana (HUMINT) ha permitido a estos servicios desmantelar redes terroristas y prevenir ataques.

Influencia en la política exterior : La colaboración entre agencias de inteligencia puede influir significativamente en la política exterior de los países involucrados. Las evaluaciones y recomendaciones de inteligencia a menudo dan forma a las decisiones políticas, en particular en áreas relacionadas con la seguridad nacional y la defensa. La información recopilada mediante operaciones conjuntas y actividades de vigilancia proporciona a los responsables de las políticas información sobre las amenazas y oportunidades globales, lo que orienta sus decisiones estratégicas.

Por ejemplo, la información de inteligencia compartida entre Estados Unidos y sus aliados desempeñó un papel crucial en la respuesta a los ataques del 11 de septiembre y la posterior guerra contra el terrorismo. Los esfuerzos coordinados para rastrear y desmantelar las redes terroristas influyeron en las políticas exteriores de varios países y llevaron a intervenciones militares, mayores medidas de seguridad y cambios en las relaciones internacionales.

La influencia de las agencias de inteligencia en la política exterior no está exenta de controversias. Los críticos sostienen que la confianza en las evaluaciones de inteligencia puede llevar a una toma de decisiones sesgada o errónea, en particular cuando la información se utiliza para justificar acciones o intervenciones militares. La invasión de Irak en 2003, basada en informes de inteligencia sobre armas de destrucción masiva que luego se demostró que eran inexactos, es un ejemplo notable de cómo la inteligencia puede moldear la política exterior con consecuencias de largo alcance.

Estudios de casos : Varios estudios de casos ilustran el impacto de los esfuerzos de inteligencia colaborativos en los acontecimientos globales. La operación conjunta entre la CIA y el MI6 para derrocar al primer ministro de Irán, Mohammad Mossadegh, en 1953 es un ejemplo clásico de cómo la colaboración en materia de inteligencia puede influir en la política exterior. La operación, motivada por las preocupaciones sobre la nacionalización del petróleo y la expansión del comunismo, condujo a la reinstauración del Sha y tuvo implicaciones a largo plazo para las relaciones entre Estados Unidos e Irán.

Otro ejemplo es la colaboración entre las agencias de inteligencia estadounidenses e israelíes en el desarrollo y despliegue del virus Stuxnet, un arma cibernética utilizada para desbaratar el programa nuclear de Irán. Esta operación demostró las capacidades de las operaciones cibernéticas conjuntas y puso de relieve el papel de las agencias de inteligencia en la configuración de los panoramas tecnológicos y geopolíticos.

Conclusión : La colaboración entre las agencias de inteligencia estadounidenses y sus homólogas extranjeras es un elemento clave de la narrativa del Estado profundo. Estos esfuerzos de colaboración, operaciones conjuntas e influencia en las políticas exteriores subrayan el poder y el alcance percibidos de las redes de inteligencia. Comprender estas relaciones es esencial para explorar el concepto más amplio del Estado profundo y sus implicaciones para la gobernanza global y las relaciones internacionales.

Control económico y mercados globales

El control económico y la manipulación de los mercados globales son temas centrales en la narrativa del Estado profundo. Esta sección explora los roles de las instituciones financieras globales, el uso del apalancamiento económico y estudios de casos que ilustran el impacto de estas intervenciones en las economías nacionales y los mercados globales.

Instituciones financieras globales : Instituciones como el Fondo Monetario Internacional (FMI) y el Banco Mundial desempeñan papeles importantes en la economía global. Creadas después de la Segunda Guerra Mundial, estas instituciones tienen como objetivo promover la estabilidad económica y el desarrollo brindando asistencia financiera y asesoramiento en materia de políticas a los países necesitados. Sin embargo, los críticos argumentan que sus programas a menudo vienen con condiciones estrictas que priorizan los intereses de las naciones ricas y las corporaciones multinacionales sobre los de los países receptores.

El FMI, por ejemplo, otorga préstamos a los países que enfrentan crisis económicas, pero normalmente exige la implementación de programas de ajuste estructural (PAE) como condición para recibir ayuda. Estos programas suelen incluir medidas como la reducción del gasto público, la privatización de empresas estatales y la liberalización de las políticas comerciales. Si bien su objetivo es estabilizar las economías y promover el crecimiento, los PAE han sido criticados por generar dificultades sociales y económicas, incluido el aumento de la pobreza y la desigualdad.

Apalancamiento económico : El uso del apalancamiento económico para influir en las políticas y decisiones nacionales es un aspecto clave de la narrativa del Estado profundo. Los países y las instituciones financieras poderosos pueden ejercer una presión significativa sobre los gobiernos para que adopten políticas que se alineen con sus intereses. Este apalancamiento puede adoptar diversas formas, incluidos préstamos condicionales, acuerdos comerciales y sanciones económicas.

Los préstamos condicionales de instituciones como el FMI y el Banco Mundial suelen exigir que los países receptores implementen reformas económicas específicas. Estas condiciones pueden configurar políticas nacionales que beneficien a los inversores extranjeros y a las corporaciones multinacionales. Por ejemplo, la privatización de los servicios públicos y la desregulación de los mercados pueden crear oportunidades para que las empresas extranjeras ingresen y dominen los mercados locales.

Los acuerdos comerciales son otra herramienta de influencia económica. Acuerdos como el Tratado de Libre Comercio de América del Norte (TLCAN) y el Acuerdo Transpacífico (TPP) están diseñados para promover el libre comercio y la integración económica. Sin embargo, los críticos sostienen que estos acuerdos a menudo favorecen los intereses corporativos y pueden socavar los derechos laborales, las protecciones ambientales y la soberanía nacional. El proceso de negociación de estos acuerdos suele llevarse a cabo en secreto, lo que alimenta aún más las sospechas de que existe una agenda oculta.

Las sanciones económicas son una forma más directa de ejercer presión sobre los países para que cambien sus políticas o su comportamiento. Pueden estar dirigidas a sectores, transacciones financieras o personas específicas y pueden tener importantes repercusiones económicas y políticas. El uso de sanciones por parte de países poderosos, en particular Estados Unidos, suele considerarse una forma de ejercer control sobre otras naciones y hacer que se cumplan las normas internacionales.

Estudios de casos : Varios estudios de casos ilustran el impacto de las intervenciones económicas en las economías nacionales y los mercados globales. La crisis de la deuda europea, que comenzó en 2009, es un ejemplo notable. Países como Grecia, España y Portugal enfrentaron graves desafíos económicos y se vieron obligados a implementar medidas de austeridad como condición para recibir asistencia financiera del FMI y el Banco Central Europeo. Estas medidas incluyeron recortes al gasto público, aumentos de impuestos y reformas del mercado laboral. Si bien tenían como objetivo estabilizar las economías, las medidas de austeridad provocaron importantes dificultades sociales y económicas, incluido un alto desempleo, una reducción de los servicios públicos y protestas generalizadas.

Otro ejemplo son las sanciones económicas impuestas a Irán por Estados Unidos y sus aliados, que se dirigieron a la industria petrolera, el sector financiero y otras áreas clave de la economía iraní, con el objetivo de presionar al gobierno iraní para que abandonara su programa nuclear. Las sanciones tuvieron un profundo impacto en la economía iraní, provocando inflación, devaluación de la moneda y escasez de productos esenciales. El uso de las sanciones como herramienta de influencia económica pone de relieve el poder de las instituciones financieras y los países poderosos para influir en las políticas y decisiones nacionales.

Conclusión : El control económico y la manipulación de los mercados globales son fundamentales para la narrativa del Estado Profundo. Los roles de las instituciones financieras globales, el uso del apalancamiento económico y el impacto de las intervenciones económicas en las economías nacionales ilustran el poder y la influencia percibidos de una red oculta de entidades poderosas. Comprender estos mecanismos es esencial para explorar el concepto más amplio del Estado Profundo y sus implicaciones para la gobernanza global y la estabilidad económica.

Control de medios e información

Se cree que el control de los medios de comunicación y de la información son mecanismos fundamentales a través de los cuales el Estado profundo moldea la opinión pública e influye en las relaciones internacionales. Esta sección explora la influencia de las redes mediáticas globales, el uso de la guerra de la información y la propaganda, y el impacto en las relaciones internacionales y la percepción pública.

Redes mediáticas globales : Las redes mediáticas globales, como CNN, BBC y Al Jazeera, desempeñan un papel importante en la formación de la opinión pública y la difusión de información en todo el mundo. Estas redes tienen un amplio alcance e influencia, y a menudo marcan la agenda de la cobertura informativa y el discurso público. Los críticos sostienen que estos medios de comunicación están controlados por élites poderosas que los utilizan para promover narrativas específicas y reprimir opiniones disidentes.

La consolidación de la propiedad de los medios de comunicación ha alimentado aún más las sospechas de que existe una agenda oculta. Un pequeño número de conglomerados controla una parte importante del panorama mediático mundial, lo que genera inquietudes sobre la falta de diversidad de puntos de vista y la posibilidad de que se transmitan mensajes coordinados. Esta concentración de poder permite la manipulación de la información en beneficio de los intereses del Estado Profundo, lo que garantiza que ciertas narrativas dominen la esfera pública mientras que las perspectivas alternativas queden marginadas.

Guerra de información : la guerra de información implica el uso de tecnologías de la información y la comunicación para influir, perturbar o manipular la percepción y el comportamiento del público. Esto puede incluir la difusión de propaganda, la propagación de desinformación y el uso de operaciones psicológicas (Psy-Ops) para lograr objetivos estratégicos. La guerra de información es un componente clave de la narrativa del Estado profundo, lo que sugiere que las entidades poderosas utilizan estas tácticas para mantener el control e influir en los acontecimientos globales.

La propaganda es una herramienta central en la guerra de la información, utilizada para moldear la opinión pública y promover agendas específicas. Esto puede implicar el uso de un lenguaje cargado de emociones, la presentación selectiva de los hechos y la formulación de cuestiones de manera que apoyen la narrativa deseada. El objetivo es crear un entorno informativo controlado donde el público esté expuesto a un mensaje coherente y favorable.

La desinformación, o la difusión deliberada de información falsa o engañosa, es otra táctica utilizada en la guerra de la información. Las campañas de desinformación pueden utilizarse para sembrar confusión, socavar la confianza en las instituciones y crear divisiones en las sociedades. El auge de las redes sociales ha amplificado el alcance y el impacto de la desinformación, lo que le ha permitido propagarse rápidamente e influir en grandes audiencias.

Impacto en las relaciones internacionales : El control de los medios de comunicación y la información tiene implicaciones significativas para las relaciones internacionales. Las narrativas promovidas por las redes mediáticas globales pueden moldear las percepciones y acciones de los gobiernos, las organizaciones y los individuos. Esta influencia puede afectar las relaciones diplomáticas, las políticas económicas y las estrategias de seguridad.

Por ejemplo, la cobertura mediática de los conflictos y las crisis puede influir en la opinión pública y en las respuestas de los gobiernos. La descripción de los acontecimientos en Oriente Medio, por ejemplo, ha moldeado las percepciones y las políticas internacionales hacia la región. El encuadre de los conflictos, la selección de las fuentes y el énfasis en determinados aspectos de la historia pueden contribuir a la formación de actitudes públicas y gubernamentales.

La guerra de la información también puede utilizarse para desestabilizar a los adversarios y alcanzar objetivos estratégicos. Las campañas de desinformación patrocinadas por el Estado, como las que supuestamente llevó a cabo Rusia durante las elecciones presidenciales estadounidenses de 2016, tienen como objetivo influir en los resultados políticos y crear divisiones en los países objetivo. Estas campañas pueden socavar la confianza en los procesos e instituciones democráticos, contribuyendo a la percepción de una red oculta que manipula los acontecimientos tras bastidores.

Estudios de casos : Varios estudios de casos ilustran el impacto del control de los medios de comunicación y de la información en las relaciones internacionales. La cobertura de la guerra de Irak en 2003 es un ejemplo notable. Los medios de comunicación desempeñaron un papel crucial en la formación de la opinión pública y las decisiones gubernamentales al promover la narrativa de que Irak poseía armas de destrucción masiva. Esta narrativa, que más tarde se demostró que era falsa, se utilizó para justificar la invasión y tuvo consecuencias de largo alcance para la región y la política mundial.

Otro ejemplo es el uso de las redes sociales en las revueltas de la Primavera Árabe. Las plataformas de redes sociales como Twitter y Facebook fueron fundamentales para organizar protestas y difundir información, pero también se utilizaron para difundir desinformación y propaganda, influyendo en el curso de los acontecimientos y en las respuestas de los gobiernos y los actores internacionales.

Conclusión : El control de los medios de comunicación y de la información son mecanismos clave a través de los cuales se cree que el Estado Profundo moldea la opinión pública e influye en las relaciones internacionales. La influencia de las redes mediáticas globales, el uso de la guerra de la información y la propaganda, y el impacto en las relaciones internacionales subrayan el poder y el alcance percibidos de una red oculta. Comprender estos mecanismos es esencial para explorar el concepto más amplio del Estado Profundo y sus implicaciones para la gobernanza global y la percepción pública.

Influencia tecnológica y operaciones cibernéticas

Los avances tecnológicos y las operaciones cibernéticas desempeñan un papel crucial en la narrativa del Estado profundo, y ponen de relieve la intersección entre la tecnología, la vigilancia y la influencia global. Esta sección explora el papel del ciberespionaje, los programas de vigilancia global y la colaboración entre las empresas tecnológicas y los gobiernos para influir en los acontecimientos globales y mantener el control.

Ciberespionaje : el ciberespionaje implica el uso de técnicas de piratería informática y otras técnicas cibernéticas para reunir información, interrumpir operaciones e influir en los acontecimientos. Los grupos de piratas informáticos patrocinados por el Estado, a menudo vinculados a agencias de inteligencia nacionales, realizan ciberespionaje para obtener ventajas estratégicas sobre los adversarios. Estas operaciones pueden tener como objetivo agencias gubernamentales, instalaciones militares, corporaciones e infraestructura crítica.

Uno de los ejemplos más notables de ciberespionaje son las actividades del grupo de piratas informáticos ruso conocido como APT28 (Fancy Bear), que se cree está vinculado a la agencia de inteligencia militar rusa GRU. Este grupo ha estado implicado en numerosos ciberataques, incluido el hackeo al Comité Nacional Demócrata (DNC) durante las elecciones presidenciales estadounidenses de 2016. Los correos electrónicos robados se filtraron al público, lo que influyó en el resultado de las elecciones y puso de relieve el posible impacto de las operaciones cibernéticas en los procesos democráticos.

Otro ejemplo significativo son las actividades de ciberespionaje de China, a menudo atribuidas a grupos como APT10 (Stone Panda) y APT41 (Double Dragon). Estos grupos han atacado una amplia gama de sectores, como la tecnología, la atención sanitaria y las finanzas, para robar propiedad intelectual e información confidencial. La escala y la sofisticación de estas operaciones subrayan la importancia estratégica del ciberespionaje en el panorama geopolítico moderno.

Vigilancia global : Los programas de vigilancia global son un componente clave de la narrativa del Estado profundo, lo que sugiere que los gobiernos y las agencias de inteligencia monitorean las comunicaciones y actividades a gran escala. Las revelaciones de Edward Snowden en 2013 sobre los programas de vigilancia de la NSA, como PRISM y XKeyscore, pusieron de relieve el alcance de estas actividades. Estos programas recopilaron datos de millones de personas en todo el mundo, a menudo sin su conocimiento o consentimiento.

La colaboración entre agencias de inteligencia y empresas tecnológicas es fundamental para estas iniciativas de vigilancia. Empresas como Google, Facebook y Microsoft se han visto obligadas a proporcionar acceso a los datos de los usuarios en virtud de programas autorizados por leyes como la Ley de Vigilancia de Inteligencia Extranjera (FISA). Esta colaboración plantea importantes preocupaciones en materia de privacidad y cuestionamientos sobre el equilibrio entre la seguridad y los derechos individuales.

Alianzas tecnológicas : la colaboración entre las empresas tecnológicas y los gobiernos se extiende más allá de la vigilancia e incluye el desarrollo y la implementación de tecnologías avanzadas. Estas alianzas pueden implicar el intercambio de conocimientos, recursos y capacidades para alcanzar objetivos estratégicos. Por ejemplo, la asociación entre el Departamento de Defensa de los EE. UU. y las empresas tecnológicas a través de iniciativas como la Unidad de Innovación de Defensa (DIU) tiene como objetivo aprovechar las tecnologías comerciales para aplicaciones militares.

El uso de la inteligencia artificial (IA) y el aprendizaje automático en operaciones de vigilancia y cibernéticas es un tema de creciente preocupación. La IA puede mejorar las capacidades de los sistemas de vigilancia, permitiendo un análisis más sofisticado de grandes conjuntos de datos y la identificación de amenazas potenciales. Sin embargo, el uso de la IA en estos contextos también plantea cuestiones éticas y legales sobre la rendición de cuentas, los sesgos y el potencial de abuso.

Estudios de casos : Varios estudios de casos ilustran el impacto de la influencia tecnológica y las operaciones cibernéticas en los acontecimientos mundiales. El virus Stuxnet, una operación conjunta entre las agencias de inteligencia de Estados Unidos e Israel, es un ejemplo notable. Stuxnet era una sofisticada ciberarma diseñada para interrumpir el programa nuclear de Irán atacando sus sistemas de control industrial. La operación demostró el potencial de las operaciones cibernéticas para lograr objetivos estratégicos sin la intervención militar tradicional.

Otro ejemplo es el uso de las plataformas de redes sociales para campañas de desinformación. La interferencia rusa en las elecciones presidenciales estadounidenses de 2016 implicó el uso de las redes sociales para difundir información falsa, crear divisiones e influir en la opinión pública. Estas actividades pusieron de relieve el papel de la tecnología en la conformación de los resultados políticos y los desafíos que supone abordar la desinformación en la era digital.

Conclusión : La influencia tecnológica y las operaciones cibernéticas son fundamentales para la narrativa del Estado profundo, y ponen de relieve la intersección entre la tecnología, la vigilancia y la influencia global. El papel del ciberespionaje, los programas de vigilancia global y la colaboración entre las empresas tecnológicas y los gobiernos subrayan el poder y el alcance percibidos de una red oculta. Comprender estos mecanismos es esencial para explorar el concepto más amplio del Estado profundo y sus implicaciones para la gobernanza y la seguridad globales.

6

Capítulo 6: Percepción pública e impacto

Opinión pública y confianza en el gobierno

La opinión pública y la confianza en el gobierno han fluctuado significativamente a lo largo del tiempo, influenciadas por grandes acontecimientos, escándalos políticos y cambios sociales más amplios. Comprender estas tendencias es crucial para explorar el impacto de la narrativa del Estado profundo en la percepción pública y la confianza en las instituciones democráticas.

Tendencias históricas : Históricamente, la confianza pública en el gobierno ha experimentado notables altibajos. En Estados Unidos, la confianza en el gobierno fue relativamente alta durante la era posterior a la Segunda Guerra Mundial, y alcanzó su punto máximo a principios de la década de 1960. Este período se caracterizó por la prosperidad económica, un liderazgo fuerte y un sentido de unidad nacional. Sin embargo, la confianza comenzó a declinar a fines de la década de 1960 y en la de 1970, influenciada por eventos como la guerra de Vietnam y el escándalo de Watergate.

El escándalo Watergate , en particular, tuvo un profundo impacto en la confianza pública. La revelación de actividades ilegales y la posterior renuncia del presidente Richard Nixon erosionaron la confianza en la integridad de los funcionarios gubernamentales. Este período marcó el comienzo de una actitud más escéptica y desconfiada hacia el gobierno, que ha persistido en diversos grados desde entonces.

Impacto de los escándalos : Los escándalos políticos han desempeñado un papel importante en la formación de la confianza pública en el gobierno. Escándalos como Watergate, el caso Irán-Contra y controversias más recientes como las revelaciones de vigilancia de la NSA por parte de Edward Snowden han expuesto casos de mala conducta gubernamental y abuso de poder. Estos eventos han reforzado la percepción de que los funcionarios gubernamentales pueden actuar en su propio interés en lugar de en el del público.

El escándalo Irán-Contra, que implicó la venta secreta de armas a Irán y el desvío de fondos para apoyar a los rebeldes de la Contra en Nicaragua, dañó aún más la confianza pública. El escándalo reveló la voluntad de los altos funcionarios de eludir las restricciones legales y constitucionales, lo que generó una sensación de traición entre la opinión pública. De manera similar, las revelaciones de Snowden sobre los programas de vigilancia masiva pusieron de relieve el grado de intrusión del gobierno en la vida privada de las personas, lo que generó inquietudes sobre la privacidad y las libertades civiles.

Encuestas y sondeos : Los datos de encuestas y sondeos brindan información valiosa sobre los niveles actuales de confianza en el gobierno y la creencia en el Estado profundo. Según una encuesta del Pew Research Center de 2021, solo el 24 % de los estadounidenses dijeron que confían en que el gobierno federal haga lo correcto "casi siempre" o "la mayor parte del tiempo". Esto representa un descenso significativo con respecto a la década de 1960, cuando los niveles de confianza eran mucho más altos.

La creencia en el Estado profundo también se refleja en los datos de las encuestas. Una encuesta de la Universidad de Monmouth de 2017 concluyó que casi tres cuartas partes de los estadounidenses creían en la existencia de un Estado profundo, definido como un grupo de funcionarios gubernamentales y militares no electos que manipulan o dirigen en secreto la política nacional. Esta creencia es más frecuente entre ciertos grupos políticos, en particular entre aquellos que se sienten marginados o desconfían del sistema político actual.

Sentimiento público : El sentimiento público respecto de la transparencia y la rendición de cuentas del gobierno ha evolucionado con el tiempo, influenciado por los acontecimientos históricos, la cobertura de los medios y la retórica política. La demanda de mayor transparencia y rendición de cuentas ha aumentado, impulsada por el deseo de exigir a los funcionarios gubernamentales que rindan cuentas de sus acciones y garantizar que se respeten los principios democráticos.

El auge de las redes sociales y la comunicación digital también ha influido en la formación del sentimiento público. Estas plataformas han facilitado a las personas el acceso a la información, el intercambio de opiniones y la movilización en torno a cuestiones de interés. Sin embargo, también han contribuido a la difusión de información errónea y teorías conspirativas, lo que complica los esfuerzos por generar confianza y fomentar un discurso público informado.

En resumen, la opinión pública y la confianza en el gobierno han sido moldeadas por tendencias históricas, escándalos políticos y cambios sociales más amplios. El impacto de estos factores es evidente en los datos de las encuestas y en el sentimiento público, lo que pone de relieve los desafíos que supone mantener la confianza en las instituciones democráticas. Comprender estas dinámicas es esencial para explorar el concepto más amplio del Estado profundo y sus implicaciones para la democracia y la gobernanza.

Influencia de los medios de comunicación en la percepción pública

Los medios de comunicación desempeñan un papel crucial en la formación de la percepción pública y la confianza en el gobierno. A través de la cobertura de acontecimientos políticos, escándalos y noticias diarias, los medios de comunicación influyen en la forma en que las personas entienden e interpretan las acciones de sus líderes e instituciones. Esta sección explora el impacto de la cobertura mediática, el papel del periodismo de investigación, el sesgo mediático y la influencia de las redes sociales en la percepción pública.

Cobertura mediática : La cobertura mediática de los acontecimientos y escándalos políticos influye de manera significativa en la percepción pública. La forma en que se informan las historias, el lenguaje utilizado y el énfasis que se pone en determinados aspectos pueden influir en la interpretación que el público hace de esos acontecimientos. Por ejemplo, durante el escándalo de Watergate, la persistente y detallada cobertura del Washington Post desempeñó un papel fundamental a la hora de descubrir la verdad y moldear la opinión pública sobre la participación del presidente Nixon.

El papel de los medios de comunicación en la definición de la agenda (decidir qué temas son importantes y merecen cobertura) también afecta la percepción pública. Al destacar ciertas historias y restar importancia a otras, los medios de comunicación pueden influir en lo que el público considera como temas importantes. Esta función de definición de la agenda puede dar forma al panorama político e incidir en la confianza pública en el gobierno.

El papel del periodismo de investigación : El periodismo de investigación es una herramienta poderosa para descubrir operaciones ocultas y exigir responsabilidades a los funcionarios gubernamentales. Los periodistas que investigan en profundidad cuestiones complejas y exponen irregularidades desempeñan un papel vital en el mantenimiento de la transparencia y el fomento de la confianza en las instituciones democráticas. El trabajo de periodistas como Bob Woodward y Carl Bernstein durante el escándalo de Watergate es un excelente ejemplo de cómo el periodismo de investigación puede sacar a la luz cuestiones críticas e influir en la percepción pública.

Más recientemente, el periodismo de investigación ha sacado a la luz cuestiones importantes como los programas de vigilancia masiva de la NSA, los Papeles de Panamá y diversos casos de corrupción política. Estas revelaciones suelen dar lugar a protestas públicas, investigaciones judiciales y cambios de políticas, lo que demuestra el impacto del periodismo de investigación en la gobernanza y la confianza pública.

Sesgo y confianza en los medios : el sesgo en los medios es un tema polémico que afecta la confianza del público en los medios y, por extensión, en el gobierno. El sesgo puede manifestarse de diversas maneras, incluida la selección de historias, el encuadre de los temas y el lenguaje utilizado en los informes. El sesgo percibido puede generar escepticismo y desconfianza entre la audiencia, en particular si siente que los medios no están brindando una descripción equilibrada o precisa de los eventos.

Los estudios han demostrado que el sesgo de los medios puede reforzar creencias existentes y contribuir a la polarización política. Cuando las personas consumen noticias que coinciden con sus opiniones preexistentes, es más probable que confíen en esa información y desconfíen de las fuentes que presentan perspectivas opuestas. Este fenómeno, conocido como sesgo de confirmación, puede profundizar las divisiones y dificultar el logro de un consenso sobre cuestiones importantes.

Influencia de las redes sociales : las redes sociales han transformado la forma en que se difunde y consume la información, y desempeñan un papel importante en la configuración de la percepción pública. Plataformas como Twitter, Facebook y YouTube permiten a las personas compartir noticias, opiniones e información con una audiencia global. Si bien esta democratización de la información puede ser empoderadora, también presenta desafíos.

La naturaleza viral de las redes sociales implica que la información, tanto la precisa como la falsa, puede propagarse rápidamente. La desinformación y las teorías conspirativas pueden ganar terreno rápidamente, influyendo en la percepción pública y la confianza en el gobierno. Los algoritmos utilizados por las plataformas de redes sociales a menudo priorizan el contenido sensacionalista, lo que puede exacerbar la propagación de información engañosa.

Las redes sociales también brindan una plataforma para voces alternativas y periodismo independiente, que pueden desafiar las narrativas dominantes y brindar perspectivas diversas. Sin embargo, la falta de supervisión editorial y la prevalencia de cámaras de eco (donde los usuarios están expuestos principalmente a información que refuerza sus creencias existentes) pueden contribuir a la desinformación y la polarización.

Conclusión : La influencia de los medios de comunicación en la percepción pública es profunda y determina la manera en que las personas entienden e interpretan los acontecimientos políticos y las acciones gubernamentales. La cobertura mediática, el periodismo de investigación, el sesgo mediático y las redes sociales desempeñan papeles fundamentales en este proceso. Comprender estas dinámicas es esencial para explorar el concepto más amplio del Estado profundo y su impacto en la confianza pública y la gobernanza democrática.

Movimientos políticos y populismo

El auge de los movimientos populistas y su conexión con las narrativas del Estado profundo se han vuelto cada vez más prominentes en los últimos años. Esta sección explora el surgimiento del populismo, el uso de la retórica del Estado profundo por parte de los líderes políticos, el impacto en las elecciones y el comportamiento de los votantes, y estudios de casos de movimientos políticos y líderes que han aprovechado estas narrativas.

El auge del populismo : el populismo es un enfoque político que busca representar los intereses de la gente común, a menudo en oposición a una élite o un establishment percibidos. Los movimientos populistas han ganado fuerza en muchos países, alimentados por la desigualdad económica, la desilusión política y las ansiedades culturales. Estos movimientos a menudo capitalizan la frustración pública con las instituciones políticas tradicionales y prometen devolver el poder al pueblo.

La conexión entre el populismo y las narrativas del Estado profundo es evidente en la retórica que utilizan los líderes populistas. Al enmarcar sus campañas como batallas contra una red oculta de élites poderosas, estos líderes explotan los temores y las sospechas existentes. Esta narrativa resuena entre los votantes que se sienten marginados o traicionados por el sistema político, lo que refuerza su apoyo a los candidatos populistas.

Retórica política : Los líderes políticos que adoptan una retórica populista suelen utilizar narrativas del Estado profundo para conseguir apoyo y desacreditar a sus oponentes. Al presentarse como forasteros que luchan contra un establishment corrupto y arraigado, se posicionan como defensores del pueblo. Esta retórica puede ser muy eficaz para movilizar a los votantes y crear un sentido de urgencia y solidaridad.

Por ejemplo, durante su campaña presidencial de 2016, Donald Trump invocó con frecuencia el concepto de Estado profundo para explicar la oposición a sus políticas y acciones. Presentó su campaña como una lucha contra una élite corrupta que buscaba socavar su presidencia y la voluntad del pueblo. Esta narrativa tuvo eco entre muchos de sus partidarios, que lo veían como una fuerza disruptiva que desafiaba el statu quo.

De manera similar, otros líderes populistas de todo el mundo han utilizado la retórica del Estado profundo para reforzar sus campañas. En países como Brasil, Hungría y Filipinas, líderes como Jair Bolsonaro, Viktor Orbán y Rodrigo Duterte han empleado tácticas similares para conseguir apoyo y consolidar el poder. Al presentar a sus oponentes como parte de una red oculta que trabaja en contra de los intereses del pueblo, estos líderes han podido galvanizar a su base y mantener el impulso político.

Impacto en las elecciones : El uso de narrativas del Estado profundo puede tener un impacto significativo en los resultados electorales y el comportamiento de los votantes. Al aprovechar los temores y las sospechas existentes, los líderes populistas pueden movilizar una amplia coalición de votantes que se sienten marginados o desilusionados con la política tradicional. Esto puede conducir a victorias electorales inesperadas y cambios en el panorama político.

Las elecciones presidenciales estadounidenses de 2016 son un claro ejemplo de cómo las narrativas del Estado profundo pueden influir en el comportamiento de los votantes. La campaña de Donald Trump aprovechó con éxito estas narrativas para atraer a una coalición diversa de votantes, incluidos aquellos que se sentían marginados por la globalización y el cambio económico. Su victoria demostró el poder de la retórica populista y el atractivo de los mensajes antiestablishment.

En otros países, los líderes populistas han utilizado de manera similar los discursos del Estado profundo para lograr éxitos electorales. El referendo por el Brexit en el Reino Unido, por ejemplo, estuvo influido por una retórica populista que presentaba a la Unión Europea como una institución antidemocrática y elitista. El éxito de la campaña a favor del Brexit puso de relieve la eficacia de esos discursos para moldear la opinión pública e impulsar el cambio político.

Estudios de caso : Varios estudios de caso ilustran el uso de narrativas del Estado profundo por parte de movimientos y líderes políticos. En Brasil, el presidente Jair Bolsonaro ha invocado con frecuencia el concepto de una élite corrupta que trabaja en contra de su administración. Al enmarcar a sus oponentes como parte de una red oculta que busca socavar su presidencia, Bolsonaro ha podido mantener un fuerte apoyo entre su base .

En Hungría, el primer ministro Viktor Orbán ha recurrido a tácticas similares para consolidar su poder. Al presentarse como defensor de la soberanía nacional frente a una élite globalista, Orbán ha podido justificar sus polémicas políticas y mantener su dominio político. Su retórica ha calado entre los votantes que se sienten amenazados por la inmigración y el cambio cultural.

En Filipinas, el presidente Rodrigo Duterte ha recurrido a la narrativa del Estado profundo para justificar su estrategia agresiva de gobierno. Al enmarcar su campaña contra el crimen y la corrupción como una batalla contra una red oculta de intereses poderosos, Duterte ha logrado mantener altos niveles de apoyo público a pesar de sus políticas controvertidas.

Conclusión : El auge de los movimientos populistas y el uso de narrativas del Estado profundo por parte de los líderes políticos han tenido un impacto significativo en las elecciones y el comportamiento de los votantes. Al aprovechar los temores y las sospechas existentes, los líderes populistas pueden movilizar apoyo y lograr el éxito electoral. Comprender la conexión entre el populismo y las narrativas del Estado profundo es esencial para explorar el concepto más amplio de Estado profundo y sus implicaciones para la democracia y la gobernanza.

Representación cultural y cultura popular

El concepto de Estado profundo ha permeado la cultura popular, influyendo en la manera en que la gente percibe al gobierno y a la autoridad. Esta sección explora cómo los libros, las películas, los programas de televisión y las teorías conspirativas en la cultura popular describen al Estado profundo, la recepción pública de estas representaciones y su impacto en las generaciones más jóvenes.

Libros y películas : La literatura y el cine han estado fascinados desde hace mucho tiempo con la idea de estructuras de poder secretas y gobiernos ocultos. Novelas clásicas como "1984" de George Orwell y "Un mundo feliz" de Aldous Huxley exploran temas de vigilancia, control y manipulación de la verdad, en resonancia con la narrativa del Estado profundo. Estos cuentos distópicos, aunque ficticios, resaltan los peligros potenciales del poder sin control y han influido en el pensamiento público sobre la posibilidad de un gobierno oculto.

En el ámbito cinematográfico, películas como "El mensajero del miedo" (1962) y "Los tres días del cóndor" (1975) se adentran en el mundo del espionaje y las operaciones encubiertas, retratando a las agencias de inteligencia como entidades poderosas capaces de manipular los acontecimientos desde las sombras. Películas más recientes como "Enemigo público" (1998) y "Snowden" (2016) continúan esta tradición, reflejando las preocupaciones contemporáneas sobre la vigilancia y la extralimitación del gobierno.

Teorías de la conspiración en la cultura pop : Las teorías de la conspiración se han convertido en un elemento básico de la cultura popular, a menudo representadas en libros, películas y programas de televisión. Estas teorías proporcionan un marco narrativo que explica eventos complejos a través de la lente de agendas ocultas y organizaciones secretas. Programas como "Los expedientes secretos X" (1993-2018) y "24" (2001-2010) representan conspiraciones gubernamentales y operaciones secretas, cautivando al público con su representación de agendas ocultas y figuras oscuras.

En particular, "Los expedientes X" se convirtieron en un fenómeno cultural, con su lema "La verdad está ahí afuera", que encapsulaba la esencia de la teoría del Estado profundo. La exploración que hacía el programa de los encubrimientos gubernamentales , los encuentros con extraterrestres y los fenómenos paranormales resonó entre los espectadores que ya eran escépticos respecto de las narrativas oficiales. De manera similar, "24" retrataba un mundo en el que las agencias de inteligencia y los funcionarios gubernamentales participaban en operaciones encubiertas para proteger la seguridad nacional, a menudo operando fuera de los límites de la ley.

Recepción pública : La recepción pública de las representaciones culturales del Estado profundo varía ampliamente. Para algunos, estas representaciones refuerzan las sospechas y los temores existentes sobre la extralimitación del gobierno y las estructuras de poder ocultas. La representación de operaciones secretas y conspiraciones en la cultura popular puede validar la creencia de que existen entidades poderosas que manipulan los acontecimientos tras bastidores.

Para otros, estas representaciones sirven como entretenimiento y brindan una emocionante vía de escape de la realidad. La dramatización de teorías conspirativas y operaciones encubiertas puede ser atractiva y estimulante, incluso si los espectadores no creen del todo en la existencia de un Estado profundo. La popularidad de estos temas en libros, películas y programas de televisión sugiere una fascinación generalizada por la idea del poder oculto y el potencial de engaño gubernamental.

Influencia en la juventud : La cultura popular tiene un impacto significativo en las generaciones más jóvenes, moldeando sus percepciones del gobierno y la autoridad. La representación del Estado profundo en libros, películas y programas de televisión puede influir en la forma en que los jóvenes ven el mundo y su relación con las instituciones de poder. Estas representaciones culturales pueden fomentar el escepticismo y el pensamiento crítico, alentando a los jóvenes a cuestionar las narrativas oficiales y buscar perspectivas alternativas.

Sin embargo, la influencia de la cultura popular también puede contribuir a la difusión de información errónea y teorías conspirativas. La dramatización de cuestiones complejas y la combinación de hechos y ficción pueden dificultar a los jóvenes la tarea de discernir la verdad de la especulación. Los educadores y los padres desempeñan un papel crucial a la hora de ayudar a los jóvenes a sortear estas influencias, promoviendo la alfabetización mediática y las habilidades de pensamiento crítico.

Conclusión : Las representaciones culturales del Estado profundo en libros, películas, programas de televisión y teorías conspirativas desempeñan un papel importante en la configuración de la percepción pública e influyen en la forma en que las personas ven al gobierno y a la autoridad. La recepción pública de estas representaciones varía: algunos las ven como una validación de sus creencias y otros como entretenimiento. El impacto en las generaciones más jóvenes subraya la importancia de la alfabetización mediática y el pensamiento crítico para navegar por el complejo panorama de la cultura popular y su influencia en la percepción pública.

Impacto a largo plazo en la democracia y la gobernanza

El impacto a largo plazo de las narrativas del Estado profundo sobre la democracia y la gobernanza es profundo: influye en la confianza pública, pone en entredicho la gobernanza eficaz y genera demandas de reformas. En esta sección se analiza la erosión de la confianza en las instituciones democráticas, los desafíos que se plantean a la gobernanza, las posibles reformas para aumentar la transparencia y las perspectivas futuras de la democracia en el contexto de las narrativas del Estado profundo.

Erosión de la confianza : la creencia en un Estado profundo ha erosionado significativamente la confianza pública en las instituciones democráticas. Cuando la gente percibe que una red oculta de élites poderosas está manipulando los acontecimientos tras bastidores, se socava su confianza en la legitimidad de los funcionarios electos y los procesos gubernamentales. Esta erosión de la confianza puede conducir a un mayor cinismo, a un desapego del proceso político y a una sensación de impotencia entre los ciudadanos.

Los acontecimientos históricos y los escándalos políticos han contribuido a esta erosión de la confianza. El escándalo Watergate, el caso Irán-Contra y las revelaciones de vigilancia masiva por parte de Edward Snowden son sólo algunos ejemplos que han alimentado las sospechas de mala conducta y secretismo gubernamental. Estos acontecimientos han reforzado la percepción de que los funcionarios gubernamentales pueden actuar en su propio interés y no en el del público, profundizando aún más la división entre los ciudadanos y sus líderes.

Desafíos para la gobernanza : La creencia en un Estado profundo plantea desafíos importantes para una gobernanza eficaz. Cuando grandes segmentos de la población desconfían de su gobierno, se vuelve más difícil implementar políticas y lograr consenso sobre cuestiones importantes. Esta desconfianza puede conducir a una mayor polarización, lo que dificulta que los funcionarios electos trabajen juntos y atiendan las necesidades de sus electores.

La difusión de información errónea y teorías conspirativas exacerba estos desafíos. Cuando las personas están expuestas a información falsa o engañosa, esta puede moldear sus creencias y comportamientos de maneras que socavan los procesos democráticos. Por ejemplo, la difusión de desinformación sobre la integridad de las elecciones puede conducir a una menor participación electoral y a cuestionamientos a la legitimidad de los resultados electorales.

Esto, a su vez, puede crear un ciclo de desconfianza e inestabilidad que obstaculiza la gobernanza eficaz.

Posibles reformas : Para abordar los desafíos que plantean las narrativas del Estado profundo y reconstruir la confianza pública, se pueden considerar varias posibles reformas. Aumentar la transparencia y la rendición de cuentas en las operaciones gubernamentales es un paso crucial. Esto puede implicar medidas como fortalecer las protecciones de los denunciantes, mejorar la supervisión de las agencias de inteligencia y garantizar que las acciones del gobierno estén sujetas al escrutinio público.

También es esencial mejorar la alfabetización mediática y promover las habilidades de pensamiento crítico. Si se dota a los ciudadanos de las herramientas necesarias para evaluar la información de manera crítica, será más fácil contrarrestar la propagación de información errónea y de teorías conspirativas. Las iniciativas educativas que se centran en la alfabetización mediática pueden ayudar a las personas a discernir las fuentes creíbles de las poco fiables y a comprender la importancia de tomar decisiones basadas en evidencias.

La reforma de la financiación de las campañas y de las prácticas de cabildeo también puede ayudar a reducir la influencia de las élites poderosas en el proceso político. Al limitar el papel del dinero en la política y aumentar la transparencia en torno a las actividades de cabildeo, se hace posible crear un campo de juego más equitativo y garantizar que los funcionarios electos rindan cuentas a sus electores y no a sus intereses particulares.

Perspectivas de futuro : Las perspectivas futuras para la democracia y la gobernanza en el contexto de las narrativas del Estado profundo son inciertas. Si bien los desafíos son significativos, también existen oportunidades para un cambio positivo. La mayor conciencia de las cuestiones relacionadas con la transparencia y la rendición de cuentas del gobierno puede impulsar los esfuerzos para implementar reformas significativas y fortalecer las instituciones democráticas.

El papel de la tecnología en la configuración de la percepción pública y la gobernanza seguirá evolucionando. Si bien la tecnología puede utilizarse para difundir información errónea, también tiene el potencial de mejorar la transparencia y facilitar una mayor participación ciudadana. Innovaciones como la tecnología blockchain, por ejemplo, pueden utilizarse para crear sistemas de votación seguros y transparentes, reduciendo el potencial de fraude y aumentando la confianza pública en el proceso electoral.

En última instancia, la resiliencia de las instituciones democráticas dependerá de la capacidad de los gobiernos, los medios de comunicación y la sociedad civil para abordar los problemas subyacentes que contribuyen a la desconfianza y la desilusión. Al fomentar una cultura de transparencia, rendición de cuentas y pensamiento crítico, es posible contrarrestar el impacto negativo de las narrativas del Estado profundo y construir una democracia más sólida e inclusiva.

Conclusión : El impacto a largo plazo de las narrativas del Estado profundo sobre la democracia y la gobernanza es profundo, influye en la confianza pública, pone en entredicho la gobernanza eficaz y genera demandas de reformas. Para abordar estos desafíos se requiere un enfoque multifacético que incluya aumentar la transparencia, mejorar la alfabetización mediática y reformar las prácticas políticas. El futuro de la democracia dependerá de la capacidad de sortear estas complejidades y construir un sistema político más resiliente e inclusivo.

Capítulo 7: Críticas y desacreditaciones

Puntos de vista escépticos

Las opiniones escépticas sobre la teoría del Estado profundo son esenciales para una comprensión equilibrada del tema. Los críticos sostienen que el concepto de Estado profundo a menudo se basa en suposiciones infundadas, carece de evidencia creíble y puede ser perjudicial para el discurso democrático. Esta sección explora los argumentos de los escépticos, la importancia del pensamiento crítico y los posibles peligros de adoptar teorías conspirativas sin evidencia suficiente.

Argumentos de los escépticos : Los escépticos de la teoría del Estado profundo a menudo señalan que el concepto tiene sus raíces en una mala interpretación de cómo funcionan el gobierno y las burocracias . Argumentan que lo que a menudo se percibe como una red oculta de poder es , en realidad, el resultado de procesos burocráticos complejos y a veces ineficientes. Las agencias y los funcionarios gubernamentales operan dentro de un marco de controles y contrapesos, y sus acciones están sujetas a la supervisión de los representantes electos, el poder judicial y los medios de comunicación.

Uno de los principales argumentos contra la teoría del Estado Profundo es la falta de evidencia creíble. Si bien los defensores de la teoría a menudo citan evidencia anecdótica e incidentes aislados, los escépticos enfatizan la importancia de un análisis riguroso y basado en evidencia. Argumentan que muchas de las afirmaciones realizadas por los teóricos del Estado Profundo son especulativas y no están respaldadas por hechos verificables. Por ejemplo, la idea de que un pequeño grupo de funcionarios no electos pueda controlar las políticas nacionales y globales se considera inverosímil dada la complejidad y diversidad de la gobernanza moderna.

Importancia del pensamiento crítico : el pensamiento crítico es esencial a la hora de evaluar las afirmaciones sobre el Estado profundo. Implica cuestionar suposiciones, evaluar evidencias y considerar explicaciones alternativas. Los escépticos sostienen que muchas personas se sienten atraídas por las teorías conspirativas porque brindan explicaciones simples para cuestiones complejas. Sin embargo, estas explicaciones a menudo pasan por alto los matices y las complejidades de los eventos del mundo real.

El pensamiento crítico también implica reconocer los sesgos cognitivos que pueden distorsionar nuestra percepción de la realidad. El sesgo de confirmación, por ejemplo, lleva a las personas a favorecer la información que confirma sus creencias preexistentes y a descartar las pruebas que las contradicen. Al ser conscientes de estos sesgos, las personas pueden abordar la teoría del Estado Profundo con una mentalidad más abierta y analítica, considerando múltiples puntos de vista y pruebas.

Posibles peligros de las teorías conspirativas : Adoptar teorías conspirativas sin pruebas suficientes puede tener varias consecuencias negativas. Uno de los principales peligros es la erosión de la confianza en las instituciones democráticas. Cuando la gente cree que su gobierno está controlado por una red oculta de élites, se socava su confianza en la legitimidad de los funcionarios electos y el proceso democrático. Esta erosión de la confianza puede conducir a un mayor cinismo, a un desapego del proceso político y a una sensación de impotencia entre los ciudadanos.

Las teorías conspirativas también pueden contribuir a la polarización y división social. Al enmarcar a ciertos grupos o individuos como enemigos, estas teorías crean una mentalidad de "nosotros contra ellos" que puede profundizar las divisiones sociales. Esta polarización puede dificultar el logro de un consenso sobre cuestiones importantes y puede conducir a un aumento de los conflictos y la hostilidad.

Además, las teorías conspirativas pueden desviar la atención de los problemas reales y obstaculizar los esfuerzos por abordarlos. Cuando la gente se centra en afirmaciones infundadas sobre un Estado profundo, puede pasar por alto problemas genuinos que requieren atención y acción. Esta distracción puede desviar recursos y energía de soluciones significativas e impedir el progreso en cuestiones críticas como la desigualdad económica, el cambio climático y la justicia social.

Estudios de casos de teorías desacreditadas : Varios estudios de casos ilustran cómo las teorías de la conspiración han sido desacreditadas a través de una investigación rigurosa y un análisis basado en evidencias. La teoría de la conspiración " Pizzagate ", por ejemplo, afirmaba que una red de tráfico de niños que involucraba a políticos de alto perfil estaba siendo controlada desde una pizzería de Washington, DC. Esta teoría ganó fuerza en las redes sociales, pero fue desacreditada por completo por las fuerzas del orden y los periodistas de investigación. A pesar de la falta de evidencia, la teoría tuvo consecuencias en el mundo real, incluido un incidente violento en la pizzería.

Otro ejemplo es la teoría de la conspiración sobre el nacimiento de Obama, que afirmaba falsamente que el presidente Barack Obama no había nacido en Estados Unidos y, por lo tanto, no era elegible para ser presidente. Esta teoría fue promovida por varias figuras públicas, pero fue desacreditada mediante la publicación del certificado de nacimiento de Obama y otros documentos oficiales. La persistencia de la teoría, a pesar de la evidencia clara de lo contrario, pone de relieve los desafíos que supone contrarrestar la desinformación y las teorías conspirativas.

Conclusión : Las opiniones escépticas sobre la teoría del Estado profundo destacan la importancia del pensamiento crítico, el análisis basado en evidencias y los posibles peligros de adoptar teorías conspirativas sin pruebas suficientes. Al cuestionar los supuestos, evaluar las evidencias y considerar explicaciones alternativas, las personas pueden abordar el tema con una mentalidad más equilibrada y analítica. Comprender los argumentos de los escépticos es esencial para explorar el concepto más amplio del Estado profundo y sus implicaciones para la democracia y la gobernanza.

Verificación de hechos

La verificación de datos es una herramienta fundamental para desacreditar las teorías conspirativas y garantizar que el discurso público se base en información precisa. Esta sección explora el papel de las organizaciones de verificación de datos, las metodologías que utilizan y los desafíos que enfrentan para contrarrestar la desinformación y las teorías conspirativas relacionadas con el Estado profundo.

Función de las organizaciones de verificación de datos : Las organizaciones de verificación de datos desempeñan un papel fundamental a la hora de verificar la veracidad de las afirmaciones realizadas por figuras públicas, medios de comunicación y usuarios de las redes sociales. Estas organizaciones, como FactCheck.org, PolitiFact y Snopes, se dedican a investigar y desacreditar información falsa o engañosa. Al proporcionar análisis basados en pruebas, ayudan a aclarar cuestiones complejas y a promover un discurso público informado.

Los verificadores de datos suelen trabajar en colaboración con organizaciones de noticias, plataformas de redes sociales e instituciones académicas para identificar y abordar la desinformación. Su trabajo es esencial para mantener la integridad de la información y garantizar que el público tenga acceso a datos confiables y precisos. En el contexto de la narrativa del Estado profundo, las organizaciones de verificación de datos examinan las afirmaciones sobre redes ocultas, conspiraciones gubernamentales y operaciones encubiertas para separar los hechos de la ficción.

Metodologías utilizadas en la verificación de datos : las organizaciones que verifican datos emplean metodologías rigurosas para verificar la veracidad de las afirmaciones. Estas metodologías suelen implicar varios pasos clave:

1. **Identificación de afirmaciones** : los verificadores de hechos monitorean las declaraciones realizadas por políticos, medios de comunicación y usuarios de redes sociales para identificar afirmaciones que ameritan una investigación. Priorizan las afirmaciones que tienen el potencial de influir en la opinión pública o en las decisiones políticas.

2. **Recopilación de pruebas** : los verificadores de datos recopilan pruebas de diversas fuentes, incluidos documentos oficiales, entrevistas con expertos y datos disponibles públicamente. Buscan fuentes primarias y corroboran la información de múltiples fuentes independientes para garantizar la precisión.

3. **Análisis de afirmaciones** : los verificadores de hechos analizan las pruebas para determinar la validez de las afirmaciones. Evalúan el contexto en el que se hicieron las afirmaciones, la

credibilidad de las fuentes y la coherencia lógica de los argumentos.

4. **Publicación de los resultados** : los verificadores de datos publican sus hallazgos en informes detallados que explican las pruebas y los razonamientos que sustentan sus conclusiones. Estos informes suelen incluir calificaciones que indican la precisión de las afirmaciones, como "Verdadero", "Falso" o "Incorrecto".

5. **Interactuar con el público** : los verificadores de datos interactúan con el público a través de las redes sociales, foros públicos e iniciativas educativas para promover la alfabetización mediática y el pensamiento crítico. Animan a las personas a cuestionar suposiciones, evaluar evidencias y buscar fuentes de información confiables.

Desafíos para contrarrestar la desinformación : A pesar de sus esfuerzos, las organizaciones de verificación de datos enfrentan varios desafíos para contrarrestar la desinformación y las teorías conspirativas. Uno de los principales desafíos es el gran volumen de información falsa que circula en las redes sociales y otras plataformas. La rápida propagación de la desinformación puede superar la capacidad de los verificadores de datos para abordarla, lo que genera confusión y malentendidos generalizados.

Otro desafío es la persistencia de sesgos cognitivos que influyen en la forma en que las personas procesan la información. El sesgo de confirmación, por ejemplo, lleva a las personas a favorecer la información que coincide con sus creencias preexistentes y a descartar la evidencia que las contradice. Este sesgo puede dificultar que los verificadores de datos cambien de opinión , incluso cuando presentan evidencia clara y convincente.

La politización de la verificación de datos también es un desafío importante. En entornos altamente polarizados, las organizaciones que verifican datos pueden ser percibidas como sesgadas o partidistas, lo que socava su credibilidad y eficacia. Los esfuerzos por mantener la transparencia, la independencia y el cumplimiento de estándares rigurosos son esenciales para generar y mantener la confianza pública.

Estudios de casos de verificación de datos exitosa : Varios estudios de casos ilustran el impacto de la verificación de datos exitosa a la hora de desacreditar teorías conspirativas y promover información precisa. Un ejemplo notable es el desacreditamiento de la teoría conspirativa " Pizzagate ", que afirmaba falsamente que una red de tráfico de niños que involucraba a políticos de alto perfil estaba siendo controlada desde una pizzería de Washington, DC. Las organizaciones de verificación de datos, junto con las fuerzas del orden y los periodistas de investigación, desacreditaron completamente las afirmaciones, destacando la falta de pruebas y los peligros de difundir información falsa.

Otro ejemplo es la verificación de datos sobre la pandemia de COVID-19. Los verificadores de datos han desempeñado un papel crucial a la hora de abordar la desinformación sobre el virus, las vacunas y las medidas de salud pública. Al proporcionar información precisa y basada en evidencias, han ayudado a contrarrestar mitos nocivos y a promover la toma de decisiones informadas.

Conclusión : La verificación de datos es una herramienta fundamental para desacreditar las teorías conspirativas y garantizar que el discurso público se base en información precisa. El papel de las organizaciones de verificación de datos, las metodologías que utilizan y los desafíos que enfrentan resaltan la importancia del análisis basado en evidencia para contrarrestar la desinformación. Comprender el impacto de la verificación de datos es esencial para explorar el concepto más amplio del Estado profundo y sus implicaciones para la democracia y la gobernanza.

Explicaciones alternativas

Si bien la teoría del Estado profundo postula que una red oculta de entidades poderosas manipula los acontecimientos tras bastidores, los escépticos y los críticos ofrecen explicaciones alternativas para los fenómenos que suelen atribuirse al Estado profundo. Esta sección explora estas explicaciones alternativas, haciendo hincapié en la importancia de considerar múltiples perspectivas y las complejidades de la gobernanza y la formulación de políticas .

Inercia burocrática : una de las principales explicaciones alternativas para la influencia percibida de un Estado profundo es la inercia burocrática. La inercia burocrática se refiere a la tendencia de las grandes organizaciones, incluidas las agencias gubernamentales, a resistirse al cambio y mantener los procedimientos y políticas establecidos. Esta resistencia puede crear la apariencia de una red oculta que trabaja contra los funcionarios electos, pero a menudo es el resultado de dinámicas institucionales en lugar de una conspiración coordinada.

Los organismos gubernamentales están compuestos por funcionarios de carrera que poseen conocimientos y experiencia especializados. Estas personas suelen permanecer en sus puestos independientemente de los cambios en el liderazgo político, lo que proporciona continuidad y estabilidad. Si bien esta continuidad puede ser beneficiosa, también puede generar resistencia a las nuevas políticas y reformas propuestas por los gobiernos entrantes. Esta resistencia no necesariamente está motivada por una agenda oculta, sino por una preferencia por las prácticas establecidas y una actitud cautelosa ante el cambio.

Complejidad de la gobernanza : La complejidad de la gobernanza es otro factor que puede explicar los fenómenos atribuidos al Estado profundo. Los gobiernos modernos son responsables de gestionar una amplia gama de cuestiones, desde la seguridad nacional y la política económica hasta la salud pública y la educación. La gran complejidad de estas tareas requiere la participación de numerosos organismos, departamentos y funcionarios, cada uno con sus propias áreas de especialización y responsabilidad.

Esta complejidad puede crear la percepción de una red oculta de poder, ya que las decisiones suelen tomarse mediante procesos intrincados que no siempre son transparentes para el público. La formulación de políticas implica negociación, compromiso y equilibrio de intereses en pugna, lo que puede llevar a resultados que pueden parecer opacos o contradictorios. Comprender las complejidades de la gobernanza puede ayudar a desmitificar el proceso de toma de decisiones y reducir la percepción de una agenda oculta.

Controles y contrapesos institucionales : Los controles y contrapesos institucionales son fundamentales para la gobernanza democrática y pueden ofrecer una explicación alternativa a la influencia percibida de un Estado profundo. Estos mecanismos están diseñados para evitar que una sola rama del gobierno se vuelva demasiado poderosa y para garantizar la rendición de cuentas y la transparencia.

Por ejemplo, la separación de poderes entre los poderes ejecutivo, legislativo y judicial crea un sistema de pesos y contrapesos. Cada poder tiene sus propias funciones y puede limitar las acciones de los demás. Este sistema puede a veces crear fricciones y ralentizar la toma de decisiones, pero su finalidad es proteger contra los abusos de poder y garantizar que las políticas estén sujetas a escrutinio y debate.

De manera similar, los órganos de supervisión, como los comités del Congreso y las agencias de vigilancia independientes, desempeñan un papel crucial en el seguimiento de las acciones del gobierno y en la exigencia de responsabilidades a los funcionarios. Estos órganos realizan investigaciones, revisan políticas y formulan recomendaciones para garantizar que las operaciones del gobierno se lleven a cabo de conformidad con la ley y el interés público.

Errores humanos y mala gestión : Los errores humanos y la mala gestión también son factores importantes a tener en cuenta al evaluar las afirmaciones sobre el Estado profundo. Los funcionarios gubernamentales, como todos los individuos, son susceptibles de cometer errores y tomar malas decisiones. Estos errores pueden ser resultado de una falta de información, mala comunicación o juicio defectuoso, en lugar de un intento deliberado de manipular los acontecimientos.

Los casos de mala gestión pueden dar la impresión de que se trata de un esfuerzo coordinado para socavar las políticas o a los líderes, pero a menudo son resultado de problemas sistémicos dentro de las organizaciones. Para abordar estos problemas es necesario mejorar la capacitación, la comunicación y la supervisión, en lugar de atribuirlos a una red oculta de poder.

Estudios de casos de explicaciones alternativas : Varios estudios de casos ilustran cómo las explicaciones alternativas pueden explicar fenómenos que suelen atribuirse al Estado profundo. La respuesta a la pandemia de COVID-19, por ejemplo, implicó una interacción compleja de agencias gubernamentales, expertos en salud pública y líderes políticos. Las inconsistencias y demoras percibidas en la respuesta pueden atribuirse a los desafíos de gestionar una crisis que evoluciona rápidamente, en lugar de a un esfuerzo coordinado para manipular los eventos.

Otro ejemplo es la implementación de políticas económicas durante las crisis financieras. Las decisiones que toman los bancos centrales y los organismos gubernamentales suelen estar influidas por una serie de factores, entre ellos datos económicos, asesoramiento de expertos y consideraciones políticas. La complejidad de estas decisiones puede crear la percepción de que hay una agenda oculta, pero normalmente son el resultado de un proceso multifacético y transparente.

Conclusión : Las explicaciones alternativas de los fenómenos atribuidos al Estado profundo destacan la importancia de considerar múltiples perspectivas y las complejidades de la gobernanza y la formulación de políticas . La inercia burocrática, la complejidad de la gobernanza, los controles y contrapesos institucionales y el error y la mala gestión humanos brindan explicaciones plausibles para la influencia percibida de una red oculta de poder. Comprender estas explicaciones alternativas es esencial para explorar el concepto más amplio del Estado profundo y sus implicaciones para la democracia y la gobernanza.

Conclusión

La teoría del Estado profundo, con sus afirmaciones sobre la existencia de una red oculta de entidades poderosas que manipulan los acontecimientos tras bastidores, ha cautivado la imaginación de muchos. Sin embargo, es esencial abordar estas teorías con una mirada crítica, considerando explicaciones alternativas y las implicaciones más amplias para la democracia y la gobernanza. Esta sección sintetiza los puntos clave analizados en el capítulo, haciendo hincapié en la importancia del análisis basado en evidencias y los peligros potenciales de las teorías conspirativas.

Síntesis de puntos clave : A lo largo de este capítulo, hemos explorado varios aspectos de la teoría del Estado profundo, incluidos los argumentos de los escépticos, el papel de la verificación de hechos y explicaciones alternativas para los fenómenos que a menudo se atribuyen a una red oculta de poder. Los escépticos argumentan que el concepto de un Estado profundo a menudo se basa en suposiciones infundadas y carece de evidencia creíble. Destacan la importancia del pensamiento crítico y el análisis basado en evidencia para evaluar tales afirmaciones.

Las organizaciones de verificación de datos desempeñan un papel crucial a la hora de desacreditar las teorías conspirativas y garantizar que el discurso público se base en información precisa. Al emplear metodologías rigurosas e interactuar con el público, estas organizaciones ayudan a aclarar cuestiones complejas y a promover la toma de decisiones informadas. A pesar de los desafíos a los que se enfrentan, los verificadores de datos son esenciales para contrarrestar la desinformación y mantener la integridad de la información.

Explicaciones alternativas, como la inercia burocrática, la complejidad de la gobernanza, los controles y contrapesos institucionales y los errores y la mala gestión humana, brindan razones plausibles para los fenómenos atribuidos al Estado profundo. Estas explicaciones resaltan la importancia de considerar múltiples perspectivas y comprender las complejidades de las operaciones gubernamentales y la formulación de políticas .

Importancia del análisis basado en evidencias : el análisis basado en evidencias es fundamental para comprender y evaluar las afirmaciones sobre el Estado profundo. Al basarse en fuentes creíbles, metodologías rigurosas y pensamiento crítico, las personas pueden separar los hechos de la ficción y emitir juicios informados. Este enfoque es esencial para contrarrestar la propagación de desinformación y teorías conspirativas, que pueden tener consecuencias perjudiciales para la gobernanza democrática.

El método científico, que implica formular hipótesis, reunir pruebas y comprobar afirmaciones, proporciona un marco sólido para evaluar la validez de las teorías. La aplicación de este método a la teoría del Estado profundo puede ayudar a identificar las fortalezas y debilidades de los argumentos y garantizar que las conclusiones se basen en evidencia sólida.

Posibles peligros de las teorías conspirativas : Adoptar teorías conspirativas sin pruebas suficientes puede tener varias consecuencias negativas. Uno de los principales peligros es la erosión de la confianza en las instituciones democráticas. Cuando la gente cree que su gobierno está controlado por una red oculta de élites, se socava su confianza en la legitimidad de los funcionarios electos y el proceso democrático. Esta erosión de la confianza puede conducir a un mayor cinismo, a un desapego del proceso político y a una sensación de impotencia entre los ciudadanos.

Las teorías conspirativas también pueden contribuir a la polarización y división social. Al enmarcar a ciertos grupos o individuos como enemigos, estas teorías crean una mentalidad de "nosotros contra ellos" que puede profundizar las divisiones sociales. Esta polarización puede dificultar el logro de un consenso sobre cuestiones importantes y puede conducir a un aumento de los conflictos y la hostilidad.

Además, las teorías conspirativas pueden desviar la atención de los problemas reales y obstaculizar los esfuerzos por abordarlos. Cuando la gente se centra en afirmaciones infundadas sobre un Estado profundo, puede pasar por alto problemas genuinos que requieren atención y acción. Esta distracción puede desviar recursos y energía de soluciones significativas e impedir el progreso en cuestiones críticas como la desigualdad económica, el cambio climático y la justicia social.

Perspectivas de futuro : Las perspectivas futuras para la democracia y la gobernanza en el contexto de las narrativas del Estado profundo son inciertas. Si bien los desafíos son significativos, también existen oportunidades para un cambio positivo. La mayor conciencia de las cuestiones relacionadas con la transparencia y la rendición de cuentas del gobierno puede impulsar los esfuerzos para implementar reformas significativas y fortalecer las instituciones democráticas.

El papel de la tecnología en la configuración de la percepción pública y la gobernanza seguirá evolucionando. Si bien la tecnología puede utilizarse para difundir información errónea, también tiene el potencial de mejorar la transparencia y facilitar una mayor participación ciudadana. Innovaciones como la tecnología blockchain, por ejemplo, pueden utilizarse para crear sistemas de votación seguros y transparentes, reduciendo el potencial de fraude y aumentando la confianza pública en el proceso electoral.

En última instancia, la resiliencia de las instituciones democráticas dependerá de la capacidad de los gobiernos, los medios de comunicación y la sociedad civil para abordar los problemas subyacentes que contribuyen a la desconfianza y la desilusión. Al fomentar una cultura de transparencia, rendición de cuentas y pensamiento crítico, es posible contrarrestar el impacto negativo de las narrativas del Estado profundo y construir una democracia más sólida e inclusiva.

Conclusión : La teoría del Estado profundo, si bien es cautivadora, requiere un escrutinio cuidadoso y un análisis basado en evidencias. Al considerar explicaciones alternativas y comprender las complejidades de la gobernanza, las personas pueden abordar el tema con una mentalidad equilibrada y analítica. Abordar los desafíos que plantean las teorías conspirativas y promover un discurso público informado son esenciales para la salud y la resiliencia de las instituciones democráticas.

Capítulo 8: El futuro de la teoría del Estado prof

Narrativas en evolución

La teoría del Estado profundo, como muchas teorías conspirativas, no es estática. Evoluciona y se adapta a nuevos contextos políticos, sociales y tecnológicos, reflejando el panorama cambiante de los acontecimientos globales y el sentimiento público. Esta sección explora cómo la teoría del Estado profundo se adapta a nuevos contextos, los temas emergentes y las variaciones de la teoría, la influencia de los acontecimientos actuales y el papel de los medios de comunicación y las redes sociales en la propagación y evolución de estas narrativas.

Adaptación a nuevos contextos : La teoría del Estado profundo ha demostrado una notable capacidad para adaptarse a diferentes entornos políticos y sociales. Inicialmente arraigada en los temores de la era de la Guerra Fría a la infiltración comunista y la extralimitación del gobierno, la teoría ha evolucionado para abarcar una amplia gama de cuestiones contemporáneas. En la era posterior al 11 de septiembre, por ejemplo, el foco se desplazó a las preocupaciones sobre la vigilancia masiva, el secreto gubernamental y la erosión de las libertades civiles. La teoría también se ha adaptado para incluir los temores a la globalización, la desigualdad económica y la influencia de las corporaciones multinacionales.

A medida que surgen nuevas cuestiones, la teoría del Estado profundo las incorpora a su narrativa, lo que proporciona un marco para comprender acontecimientos complejos y a menudo inquietantes. Esta adaptabilidad garantiza que la teoría siga siendo relevante y tenga eco en un público amplio, independientemente del contexto político o social específico.

Temas emergentes : Varios temas emergentes y variaciones de la teoría del Estado profundo han ganado prominencia en los últimos años. Uno de esos temas es la vigilancia digital, que se ha convertido en una preocupación central en la era de Internet y la tecnología avanzada. Las revelaciones de Edward Snowden sobre los programas de vigilancia masiva de la NSA han alimentado los temores sobre el grado en que los gobiernos monitorean y controlan las comunicaciones digitales. Este tema a menudo se vincula con preocupaciones sobre la privacidad, la seguridad de los datos y el poder de las empresas de tecnología.

Otro tema emergente es la gobernanza global, que postula que una red oculta de élites opera a escala global, influyendo en las organizaciones internacionales y dando forma a las políticas globales. Esta variante de la teoría del Estado profundo sugiere que entidades como las Naciones Unidas, el Fondo Monetario Internacional y el Banco Mundial son herramientas de una élite global que busca controlar los gobiernos y las economías nacionales. Este tema resuena entre quienes son escépticos respecto de la globalización y están preocupados por la pérdida de la soberanía nacional.

Influencia de los acontecimientos actuales : Los acontecimientos actuales desempeñan un papel importante en la configuración y evolución de las narrativas del Estado profundo. Los escándalos políticos, los avances tecnológicos y los grandes acontecimientos mundiales pueden influir en la forma en que se percibe y propaga la teoría. Por ejemplo, las elecciones presidenciales estadounidenses de 2016 y las investigaciones posteriores sobre la interferencia rusa llevaron el concepto del Estado profundo al discurso político general. Las acusaciones de una red oculta que trabajaba para socavar la administración Trump resonaron entre muchos votantes y alimentaron la popularidad de la teoría.

Los avances tecnológicos, como el auge de la inteligencia artificial y el big data, también han influido en las narrativas del Estado profundo. Las preocupaciones sobre el potencial de que estas tecnologías se utilicen para la vigilancia y el control se han incorporado a la teoría, lo que refleja inquietudes más amplias sobre las implicaciones del progreso tecnológico.

Papel de los medios de comunicación y las redes sociales : los medios tradicionales y las redes sociales desempeñan papeles cruciales en la propagación y evolución de las narrativas del Estado profundo. La cobertura mediática de acontecimientos políticos, escándalos y avances tecnológicos puede moldear la percepción pública e influir en la forma en que se entiende la teoría. El periodismo de investigación , en particular, puede descubrir operaciones ocultas y proporcionar evidencia que respalde o refute elementos de la teoría.

Las plataformas de redes sociales, como Twitter, Facebook y YouTube, han amplificado el alcance y el impacto de las narrativas del Estado profundo. Estas plataformas permiten a las personas compartir información, conectarse con personas con ideas afines y crear comunidades en torno a creencias compartidas. La naturaleza viral de las redes sociales significa que las narrativas del Estado profundo pueden propagarse rápidamente, llegar a una amplia audiencia e influir en la opinión pública.

Los algoritmos que utilizan las plataformas de redes sociales suelen priorizar el contenido sensacionalista, lo que puede exacerbar la propagación de teorías conspirativas. Esto puede crear cámaras de eco donde los usuarios quedan expuestos principalmente a información que refuerza sus creencias existentes, lo que dificulta contrarrestar la desinformación y promover el pensamiento crítico.

Conclusión : La teoría del Estado profundo continúa evolucionando y adaptándose a nuevos contextos políticos, sociales y tecnológicos. Los temas emergentes, como la vigilancia digital y la gobernanza global, reflejan las preocupaciones contemporáneas y garantizan la relevancia de la teoría. Los acontecimientos actuales y el papel de los medios de comunicación y las redes sociales desempeñan un papel importante en la configuración y propagación de estas narrativas. Comprender la naturaleza cambiante de la teoría del Estado profundo es esencial para explorar sus implicaciones futuras para la democracia, la gobernanza y la confianza pública.

Impacto en el discurso político

La teoría del Estado profundo ha tenido un profundo impacto en el discurso político, contribuyendo a la polarización, influyendo en las campañas políticas y afectando la confianza y la participación del público. Esta sección explora cómo la teoría contribuye a la división política, su uso en la retórica política, su impacto en las elecciones y el comportamiento de los votantes, y proporciona estudios de casos de movimientos y campañas políticas recientes que han aprovechado las narrativas del Estado profundo.

Polarización y división : la teoría del Estado profundo ha contribuido significativamente a la polarización y la división política. Al enmarcar los conflictos políticos como batallas entre ciudadanos comunes y una red oculta de élites poderosas, la teoría crea una mentalidad de "nosotros contra ellos". Esta narrativa puede profundizar las divisiones existentes y hacer que sea más difícil lograr un consenso sobre cuestiones importantes.

La polarización política se exacerba cuando las personas consumen noticias e información que coinciden con sus creencias pre-existentes. Las plataformas de redes sociales y los medios de comunicación partidistas suelen reforzar estas divisiones al promover contenido que atrae a grupos ideológicos específicos. La teoría del Estado profundo, con su énfasis en las conspiraciones ocultas y la manipulación de las élites, resuena con fuerza entre quienes se sienten marginados o desconfían de las instituciones políticas tradicionales.

Influencia en las campañas políticas : Los líderes políticos y los candidatos han utilizado cada vez más la retórica del Estado profundo para conseguir apoyo y desacreditar a sus oponentes. Al presentarse como forasteros que luchan contra un establishment corrupto y arraigado, se posicionan como defensores del pueblo. Esta retórica puede ser muy eficaz para movilizar a los votantes y crear un sentido de urgencia y solidaridad.

Durante la campaña presidencial estadounidense de 2016, Donald Trump invocó con frecuencia el concepto de Estado profundo para explicar la oposición a sus políticas y acciones. Presentó su campaña como una lucha contra una élite corrupta que buscaba socavar su presidencia y la voluntad del pueblo. Esta narrativa encontró eco entre muchos de sus partidarios, que lo veían como una fuerza disruptiva que desafiaba el statu quo.

De manera similar, otros líderes populistas de todo el mundo han utilizado la retórica del Estado profundo para reforzar sus campañas. En países como Brasil, Hungría y Filipinas, líderes como Jair Bolsonaro, Viktor Orbán y Rodrigo Duterte han empleado tácticas similares para conseguir apoyo y consolidar el poder. Al presentar a sus oponentes como parte de una red oculta que trabaja en contra de los intereses del pueblo, estos líderes han podido galvanizar a su base y mantener el impulso político.

Confianza y compromiso públicos : el uso de narrativas del Estado profundo puede tener un impacto significativo en la confianza pública en el gobierno y en el compromiso político. Cuando la gente cree que su gobierno está controlado por una red oculta de élites, se socava su confianza en la legitimidad de los funcionarios electos y en el proceso democrático. Esta erosión de la confianza puede conducir a un mayor cinismo, a un desapego del proceso político y a una sensación de impotencia entre los ciudadanos.

Sin embargo, las narrativas del Estado profundo también pueden movilizar a ciertos segmentos de la población para que se vuelvan más activos políticamente. Al enmarcar los conflictos políticos como batallas existenciales contra una élite corrupta, estas narrativas pueden inspirar a las personas a tomar acción , ya sea votando, protestando o participando en el activismo político. Este mayor compromiso puede tener efectos tanto positivos como negativos, según la naturaleza de las acciones adoptadas y las motivaciones subyacentes.

Casos de estudio : Varias campañas y movimientos políticos recientes han aprovechado las narrativas del Estado profundo para lograr el éxito electoral y movilizar apoyo. En Brasil, el presidente Jair Bolsonaro ha invocado con frecuencia el concepto de una élite corrupta que trabaja en contra de su administración. Al enmarcar a sus oponentes como parte de una red oculta que busca socavar su presidencia, Bolsonaro ha podido mantener un fuerte apoyo entre su base

En Hungría, el primer ministro Viktor Orbán ha recurrido a tácticas similares para consolidar su poder. Al presentarse como defensor de la soberanía nacional frente a una élite globalista, Orbán ha podido justificar sus polémicas políticas y mantener su dominio político. Su retórica ha calado entre los votantes que se sienten amenazados por la inmigración y el cambio cultural.

En Filipinas, el presidente Rodrigo Duterte ha recurrido a la narrativa del Estado profundo para justificar su estrategia agresiva de gobierno. Al enmarcar su campaña contra el crimen y la corrupción como una batalla contra una red oculta de intereses poderosos, Duterte ha logrado mantener altos niveles de apoyo público a pesar de sus políticas controvertidas.

Conclusión : La teoría del Estado profundo ha tenido un profundo impacto en el discurso político, contribuyendo a la polarización, influyendo en las campañas políticas y afectando la confianza y la participación del público. Al enmarcar los conflictos políticos como batallas entre ciudadanos comunes y una red oculta de élites poderosas, la teoría crea una mentalidad de "nosotros contra ellos" que puede profundizar las divisiones y movilizar apoyo. Comprender el impacto de las narrativas del Estado profundo en el discurso político es esencial para explorar el concepto más amplio del Estado profundo y sus implicaciones para la democracia y la gobernanza.

Avances tecnológicos y vigilancia

Los avances tecnológicos y la expansión de las capacidades de vigilancia son fundamentales para la narrativa en evolución de la teoría del Estado profundo. A medida que la tecnología continúa avanzando, aumentan las preocupaciones sobre la privacidad, las libertades civiles y el potencial abuso de poder. Esta sección explora el futuro de las tecnologías de vigilancia, el papel de la inteligencia artificial (IA) y los macrodatos, las implicaciones de la ciberseguridad y la guerra cibernética, y las consideraciones éticas y legales en torno a estos avances.

El futuro de las tecnologías de vigilancia : El futuro de las tecnologías de vigilancia está marcado por rápidos avances y una creciente sofisticación. Tecnologías como el reconocimiento facial, el escaneo biométrico y el análisis avanzado de datos son cada vez más comunes, lo que permite a los gobiernos y las corporaciones monitorear a las personas con una precisión sin precedentes. Estas tecnologías se pueden utilizar para diversos fines, incluidos el cumplimiento de la ley, la seguridad nacional y las aplicaciones comerciales.

La tecnología de reconocimiento facial, por ejemplo, tiene el potencial de identificar a las personas en tiempo real, rastrear sus movimientos y analizar su comportamiento. Si bien esta tecnología puede mejorar la seguridad y agilizar los procesos, también plantea importantes preocupaciones en materia de privacidad. El potencial de uso indebido y la falta de marcos regulatorios sólidos exacerban estas preocupaciones, lo que genera temores de un estado de vigilancia en el que se controlen y registren todos los movimientos de las personas.

artificial y big data: la inteligencia artificial (IA) y el big data están transformando el panorama de la vigilancia y el análisis de datos. Los algoritmos de IA pueden procesar grandes cantidades de datos de forma rápida y precisa, identificando patrones y haciendo predicciones que serían imposibles de lograr para los humanos. Esta capacidad es particularmente valiosa en la vigilancia, donde la IA puede analizar secuencias de video, actividad en las redes sociales y otras fuentes de datos para identificar posibles amenazas y comportamientos sospechosos.

El término big data hace referencia a los volúmenes masivos de datos generados por las actividades digitales, incluidas las transacciones en línea, las interacciones en las redes sociales y los datos de los sensores de la Internet de las cosas (IdC). La integración de la IA y el big data permite una vigilancia más completa y detallada, lo que permite a los gobiernos y las corporaciones obtener información más detallada sobre los comportamientos y las preferencias de las personas.

Sin embargo, el uso de la IA y los macrodatos en la vigilancia también plantea cuestiones éticas y jurídicas. La posibilidad de sesgo en los algoritmos de IA, la falta de transparencia en la recopilación y el análisis de datos y el riesgo de vulneraciones de datos son preocupaciones importantes. Garantizar que estas tecnologías se utilicen de forma responsable y ética es fundamental para proteger la privacidad y las libertades civiles de las personas.

Ciberseguridad y guerra cibernética : El futuro de la ciberseguridad y la guerra cibernética está estrechamente vinculado a la narrativa del Estado profundo. A medida que las tecnologías digitales se integran más en la infraestructura crítica, aumenta el potencial de ciberataques y ciberespionaje. Los grupos de piratas informáticos patrocinados por el Estado y los cibercriminales plantean amenazas importantes para la seguridad nacional, la estabilidad económica y la seguridad pública.

La guerra cibernética implica el uso de ataques digitales para interrumpir, dañar o tomar el control de los sistemas de información de un adversario. Estos ataques pueden tener como blanco a agencias gubernamentales, instalaciones militares, instituciones financieras y otras infraestructuras críticas. El virus Stuxnet, una operación conjunta entre las agencias de inteligencia de Estados Unidos e Israel, es un ejemplo notable de un arma cibernética diseñada para interrumpir el programa nuclear de Irán.

La creciente frecuencia y sofisticación de los ciberataques ponen de relieve la necesidad de contar con medidas de ciberseguridad sólidas. Los gobiernos y las organizaciones deben invertir en tecnologías de seguridad avanzadas, desarrollar estrategias integrales de ciberdefensa y colaborar a nivel internacional para hacer frente a la creciente amenaza de la guerra cibernética.

Consideraciones éticas y legales : Las consideraciones éticas y legales que rodean las tecnologías de vigilancia y las operaciones cibernéticas son complejas y multifacéticas. Garantizar que estas tecnologías se utilicen de una manera que respete los derechos y las libertades de las personas es un desafío importante. Los marcos legales deben actualizarse para abordar las cuestiones específicas que plantean la vigilancia digital y la guerra cibernética.

Una de las principales preocupaciones éticas es el potencial abuso de poder. La capacidad de monitorear y analizar las actividades de individuos a gran escala puede utilizarse para reprimir la disidencia, atacar a oponentes políticos y violar las libertades civiles. Establecer pautas claras y mecanismos de supervisión es esencial para prevenir el abuso y proteger los derechos de las personas.

La transparencia y la rendición de cuentas también son fundamentales. Los gobiernos y las organizaciones deben ser transparentes en sus prácticas de vigilancia y proporcionar mecanismos de supervisión y reparación. Esto incluye informar al público sobre la recopilación y el uso de datos, garantizar que las actividades de vigilancia estén sujetas a una revisión independiente y ofrecer vías para que las personas puedan impugnar la vigilancia injusta.

Conclusión : Los avances tecnológicos y la expansión de las capacidades de vigilancia son fundamentales para la evolución de la teoría del Estado profundo. El futuro de las tecnologías de vigilancia, el papel de la IA y los macrodatos, las implicaciones de la ciberseguridad y la guerra cibernética, y las consideraciones éticas y legales que rodean estos avances ponen de relieve la necesidad de una regulación y una supervisión cuidadosas. Comprender estas cuestiones es esencial para explorar el concepto más amplio del Estado profundo y sus implicaciones para la privacidad, las libertades civiles y la gobernanza democrática.

Globalización y relaciones internacionales

La teoría del Estado profundo suele extenderse más allá de las fronteras nacionales, lo que sugiere que una red oculta de entidades poderosas opera a escala global, influyendo en las organizaciones internacionales y dando forma a las políticas globales. Esta sección explora el papel de las redes transnacionales, las implicaciones de las estructuras de gobernanza global, la influencia de la cooperación y el conflicto internacionales, y ofrece estudios de casos de eventos y políticas internacionales enmarcados en la narrativa del Estado profundo.

Redes transnacionales : Las redes transnacionales, como el Grupo Bilderberg, la Comisión Trilateral y el Foro Económico Mundial, se citan con frecuencia en las narrativas del Estado profundo como ejemplos de reuniones de élite donde supuestamente se formulan políticas globales a puertas cerradas. Estas redes reúnen a líderes políticos, ejecutivos de empresas y académicos de todo el mundo para debatir y coordinarse sobre diversos temas.

El Grupo Bilderberg, fundado en 1954, celebra reuniones anuales a las que asisten personalidades influyentes de América del Norte y Europa. Las reuniones son privadas y la falta de transparencia ha alimentado las especulaciones sobre la influencia del grupo en los asuntos mundiales. De manera similar, la Comisión Trilateral, creada en 1973 por David Rockefeller, tiene como objetivo fomentar la cooperación entre América del Norte, Europa y Asia en cuestiones económicas y políticas. Los críticos sostienen que estas redes funcionan como gobiernos en la sombra, que toman decisiones que afectan a la población mundial sin rendir cuentas al público.

Gobernanza global : El concepto de gobernanza global se refiere a la gestión colectiva de asuntos internacionales a través de instituciones y acuerdos que trascienden las fronteras nacionales. Organizaciones como las Naciones Unidas (ONU), el Fondo Monetario Internacional (FMI) y el Banco Mundial desempeñan papeles importantes en la gobernanza global, abordando cuestiones que abarcan desde la paz y la seguridad hasta el desarrollo económico y la sostenibilidad ambiental.

Las narrativas del Estado profundo suelen retratar a estas organizaciones como herramientas de una élite global que busca controlar los gobiernos y las economías nacionales. Por ejemplo, algunos consideran a la ONU como un instrumento para imponer normas y políticas internacionales que socavan la soberanía nacional. El FMI y el Banco Mundial son criticados por sus programas de ajuste estructural, que se perciben como una prioridad de los intereses de las naciones ricas y las corporaciones multinacionales por sobre los de los países en desarrollo.

Cooperación y conflicto internacionales : La cooperación y el conflicto internacionales influyen significativamente en la percepción de un Estado profundo global. Los esfuerzos de cooperación, como los tratados internacionales, los acuerdos comerciales y las operaciones militares conjuntas, suelen enmarcarse dentro de la narrativa del Estado profundo como evidencia de un esfuerzo coordinado para dar forma a las políticas globales. Por el contrario, los conflictos y las tensiones geopolíticas se consideran manifestaciones de luchas de poder dentro de la red oculta.

Por ejemplo, algunos consideran que los acuerdos comerciales como el Acuerdo Transpacífico (TPP) y el Tratado de Libre Comercio de América del Norte (TLCAN) son mecanismos para consolidar el poder corporativo y socavar la soberanía nacional. Estos acuerdos se negocian en secreto y sus disposiciones suelen favorecer a las corporaciones multinacionales, lo que genera sospechas de que existen intenciones ocultas.

Los conflictos geopolíticos, como las tensiones actuales entre Estados Unidos y China, también se interpretan desde la perspectiva de la teoría del Estado profundo. Sus defensores sostienen que estos conflictos son impulsados por facciones rivales dentro de la élite global, cada una de las cuales busca expandir su influencia y control. La participación de agencias de inteligencia, alianzas militares y sanciones económicas en estos conflictos refuerza la percepción de una red oculta que manipula los acontecimientos globales.

Estudios de caso : Varios eventos y políticas internacionales se han enmarcado en la narrativa del Estado profundo, lo que ilustra la influencia percibida de una red global de poder. La crisis de la deuda europea, que comenzó en 2009, llevó a países como Grecia, España y Portugal a implementar severas medidas de austeridad como condición para recibir asistencia financiera del FMI y el Banco Central Europeo. Estas medidas llevaron a importantes dificultades sociales y económicas, lo que alimentó las críticas sobre el papel de las instituciones en la configuración de las políticas nacionales.

Otro ejemplo es la respuesta a la pandemia de COVID-19. La coordinación global de las medidas de salud pública, la distribución de vacunas y los esfuerzos de recuperación económica han sido interpretados por algunos como evidencia de que un Estado profundo global está orquestando la respuesta. Las teorías conspirativas sobre los orígenes del virus, el papel de organizaciones internacionales como la Organización Mundial de la Salud (OMS) y la influencia de las compañías farmacéuticas han alimentado aún más estas narrativas.

Conclusión : La teoría del Estado profundo suele extenderse al ámbito de la globalización y las relaciones internacionales, sugiriendo que una red oculta de entidades poderosas opera a escala global. El papel de las redes transnacionales, las implicaciones de las estructuras de gobernanza global y la influencia de la cooperación y el conflicto internacionales son fundamentales para esta narrativa. Comprender estas dinámicas es esencial para explorar el concepto más amplio del Estado profundo y sus implicaciones para la gobernanza global y las relaciones internacionales.

Perspectivas de futuro y reformas

El futuro de la teoría del Estado profundo y su impacto en la democracia y la gobernanza dependerá de cómo las sociedades aborden los problemas subyacentes que alimentan esas narrativas. En esta sección se exploran las posibles reformas destinadas a aumentar la transparencia y la rendición de cuentas, el papel de la educación y la alfabetización mediática para contrarrestar la desinformación, la importancia de la participación pública y el activismo, y las implicaciones a largo plazo para la democracia y la gobernanza.

Reformas potenciales : Para abordar los desafíos que plantean las narrativas del Estado profundo y reconstruir la confianza pública, se pueden considerar varias reformas potenciales. Aumentar la transparencia en las operaciones gubernamentales es un paso crucial. Esto puede implicar medidas como fortalecer las protecciones de los denunciantes, mejorar la supervisión de las agencias de inteligencia y garantizar que las acciones del gobierno estén sujetas al escrutinio público. Las iniciativas de transparencia, como los programas de datos abiertos y el acceso público a los registros gubernamentales, pueden ayudar a desmitificar las operaciones gubernamentales y reducir las sospechas de agendas ocultas.

Los mecanismos de rendición de cuentas también son esenciales. La creación de órganos de supervisión independientes, como inspectores generales y comisiones de ética, puede ayudar a supervisar las actividades gubernamentales y exigir responsabilidades a los funcionarios por mala conducta. El fortalecimiento del papel de la supervisión legislativa y la garantía de que los organismos gubernamentales estén sujetos a auditorías y exámenes periódicos pueden mejorar aún más la rendición de cuentas.

El papel de la educación y la alfabetización mediática : La educación y la alfabetización mediática son herramientas fundamentales para contrarrestar la desinformación y las teorías conspirativas. Al dotar a las personas de las habilidades necesarias para evaluar la información de manera crítica, las sociedades pueden reducir la propagación de narrativas falsas y promover la toma de decisiones informada. Los programas de alfabetización mediática pueden enseñar a las personas a identificar fuentes creíbles, reconocer sesgos y verificar hechos. Estos programas pueden integrarse en los planes de estudio escolares y ofrecerse a través de organizaciones comunitarias y plataformas en línea.

También es esencial promover las habilidades de pensamiento crítico. Alentar a las personas a cuestionar suposiciones, evaluar evidencias y considerar múltiples perspectivas puede ayudarlas a abordar cuestiones complejas y resistir la tentación de las explicaciones simplistas. Las iniciativas educativas que se centran en el pensamiento crítico pueden empoderar a las personas para que interactúen con la información de manera reflexiva y emitan juicios informados.

Participación pública y activismo : la participación pública y el activismo desempeñan un papel fundamental en la definición del futuro de la teoría del Estado profundo. Cuando las personas participan activamente en el proceso político, es más probable que sientan un sentido de pertenencia y responsabilidad por los resultados. Fomentar la participación cívica, como votar, asistir a reuniones públicas y participar en la organización comunitaria, puede ayudar a construir un sistema político más inclusivo y receptivo.

El activismo también puede impulsar cambios significativos al generar conciencia sobre cuestiones importantes y promover reformas. Los movimientos de base, las organizaciones de justicia social y los grupos de apoyo pueden movilizar el apoyo público y presionar a los responsables de las políticas para que aborden las preocupaciones relacionadas con la transparencia, la rendición de cuentas y la extralimitación del gobierno. Al fomentar una cultura de compromiso y activismo, las sociedades pueden crear una democracia más vibrante y participativa.

Implicancias a largo plazo : Las implicaciones a largo plazo de la teoría del Estado profundo para la democracia y la gobernanza son complejas y multifacéticas. Por un lado, la teoría puede erosionar la confianza en las instituciones democráticas y contribuir a la polarización política. Cuando las personas creen que su gobierno está controlado por una red oculta de élites, se socava su confianza en la legitimidad de los funcionarios electos y el proceso democrático. Esta erosión de la confianza puede conducir a un mayor cinismo, desapego del proceso político y una sensación de impotencia entre los ciudadanos.

Por otra parte, una mayor conciencia de las cuestiones relacionadas con la transparencia y la rendición de cuentas del gobierno puede impulsar iniciativas para implementar reformas significativas y fortalecer las instituciones democráticas. Al abordar los problemas subyacentes que contribuyen a la desconfianza y la desilusión, las sociedades pueden construir un sistema político más resiliente e inclusivo.

El papel de la tecnología en la configuración de la percepción pública y la gobernanza seguirá evolucionando. Si bien la tecnología puede utilizarse para difundir información errónea, también tiene el potencial de mejorar la transparencia y facilitar una mayor participación ciudadana. Innovaciones como la tecnología blockchain, por ejemplo, pueden utilizarse para crear sistemas de votación seguros y transparentes, reduciendo el potencial de fraude y aumentando la confianza pública en el proceso electoral.

Conclusión : El futuro de la teoría del Estado profundo y su impacto en la democracia y la gobernanza dependerá de cómo las sociedades aborden los problemas subyacentes que alimentan dichas narrativas. Las posibles reformas destinadas a aumentar la transparencia y la rendición de cuentas, el papel de la educación y la alfabetización mediática para contrarrestar la desinformación y la importancia de la participación pública y el activismo son todos componentes fundamentales de este esfuerzo. Al fomentar una cultura de transparencia, rendición de cuentas y pensamiento crítico, es posible contrarrestar el impacto negativo de las narrativas del Estado profundo y construir una democracia más sólida e inclusiva.

G losario de términos

1. **Estado profundo** : teoría que sugiere que una red oculta de funcionarios gubernamentales no electos, agencias de inteligencia y otras entidades poderosas controlan secretamente las políticas nacionales y globales detrás de escena.

2. **Inercia burocrática** : La tendencia de las grandes organizaciones, incluidas las agencias gubernamentales, a resistirse al cambio y mantener procedimientos y políticas establecidos.

3. **Estado de vigilancia** : Un gobierno que monitorea y registra ampliamente las actividades y comunicaciones de sus ciudadanos, a menudo justificado por preocupaciones de seguridad nacional.

4. **Inteligencia artificial (IA)** : La simulación de procesos de inteligencia humana por parte de máquinas, especialmente sistemas informáticos, incluido el aprendizaje, el razonamiento y la autocorrección.

5. **Big Data** : conjuntos de datos grandes y complejos que requieren métodos y tecnologías avanzados para su almacenamiento, procesamiento y análisis.

6. **Espionaje cibernético** : uso de piratería informática y otras técnicas cibernéticas para reunir inteligencia, interrumpir operaciones e influir en acontecimientos, a menudo realizado por grupos patrocinados por el Estado.

7. **Gobernanza global** : la gestión colectiva de asuntos internacionales a través de instituciones y acuerdos que trascienden las fronteras nacionales.

8. **Redes transnacionales** : grupos y organizaciones que operan a través de fronteras nacionales, y que a menudo involucran a líderes políticos, ejecutivos de empresas y académicos, para discutir y coordinar diversos temas.

9. **Denunciante** : Individuo que expone información o actividades dentro de una organización que se consideran ilegales, poco éticas o incorrectas.

10. **Sesgo de confirmación** : tendencia a favorecer la información que confirma las creencias preexistentes y a descartar la evidencia que las contradice.

11. **Desinformación** : La difusión deliberada de información falsa o engañosa para engañar a la gente.

12. **PsyOps (Operaciones psicológicas)** : Operaciones destinadas a transmitir información e indicadores seleccionados a las audiencias para influir en sus emociones, motivos y razonamiento objetivo.

13. **Programas de Ajuste Estructural (PAE)** : Políticas económicas impuestas por instituciones financieras internacionales, como el FMI y el Banco Mundial, como condiciones para la asistencia financiera, que a menudo implican medidas de austeridad y liberalización del mercado.

14. **Five Eyes** : una alianza de inteligencia integrada por Australia, Canadá, Nueva Zelanda, el Reino Unido y los Estados Unidos, que facilita el intercambio de inteligencia.

15. **Tecnología de reconocimiento facial** : una aplicación de software biométrico capaz de identificar o verificar de forma única a una persona comparando y analizando patrones basados en los contornos faciales de la persona.

Referencias

Para aquellos interesados en explorar el tema más a fondo, aquí hay algunas fuentes y lecturas adicionales:

1. **Libros y artículos** :
    - "El Estado profundo: la caída de la Constitución y el surgimiento de un gobierno en la sombra", por Mike Lofgren
    - "El camino al 11 de septiembre: riqueza, imperio y el futuro de Estados Unidos", de Peter Dale Scott
    - "La fábrica de sombras: La NSA ultrasecreta desde el 11 de septiembre hasta las escuchas clandestinas en Estados Unidos", de James Bamford
    - "El equipo secreto: la CIA y sus aliados en el control de los Estados Unidos y el mundo" de L. Fletcher Prouty
2. **Informes y artículos** :
    - El Pew Research Center informa sobre la confianza pública en el gobierno
    - Artículos de periodismo de investigación de The Washington Post, The New York Times y The Guardian
    - Artículos académicos sobre teorías de la conspiración y psicología política
3. **Sitios web y recursos en línea** :
    - FactCheck.org
    - Hecho político
    - Espías
    - La Electronic Frontier Foundation (EFF) sobre las tecnologías de vigilancia
    - La cobertura del Guardian sobre la gobernanza global y las relaciones internacionales
4. **Documentales y películas** :

- "Citizenfour" (2014): un documental sobre Edward Snowden y las revelaciones sobre el espionaje de la NSA
- "El mensajero del miedo" (1962): una película que explora temas de lavado de cerebro y manipulación política.
- "Snowden" (2016): una película biográfica sobre la vida de Edward Snowden y las filtraciones de la NSA

Estas referencias ofrecen un punto de partida integral para seguir explorando la teoría del Estado profundo y sus implicaciones para la democracia, la gobernanza y la confianza pública. ¡Feliz lectura! ◈

9 7 9 8 3 4 8 2 1 7 9 5 2